Ferdinand Wüstenfeld

Die Übersetzungen arabischer Werke in das Lateinische seit dem XI. Jahrhundert

Ferdinand Wüstenfeld

Die Übersetzungen arabischer Werke in das Lateinische seit dem XI. Jahrhundert

ISBN/EAN: 9783744619646

Hergestellt in Europa, USA, Kanada, Australien, Japan

Cover: Foto ©ninafisch / pixelio.de

Weitere Bücher finden Sie auf **www.hansebooks.com**

Die Übersetzungen

Arabischer Werke

in das Lateinische

seit dem XI. Jahrhundert.

Von

F. Wüstenfeld.

Aus dem zweiundzwanzigsten Bande der Abhandlungen der Königlichen Gesellschaft
der Wissenschaften zu Göttingen.

Göttingen,
Dieterich'sche Verlags-Buchhandlung.
1877.

·Die Übersetzungen

Arabischer Werke

in das Lateinische

seit dem XI. Jahrhundert.

Von

F. Wüstenfeld.

Aus dem zweiundzwanzigsten Bande der Abhandlungen der Königlichen Gesellschaft der Wissenschaften zu Göttingen.

Göttingen,
Dieterich'sche Verlags-Buchhandlung.
1877.

1. Abtheilung.

Vorwort.

Als ich vor beinahe vierzig Jahren die Geschichte der Arabischen Aerzte schrieb, verfolgte ich einen doppelten Zweck, einmal wollte ich der Entstellung der Arabischen Namen ein Ende machen und dann eine Übersicht der medicinischen Literatur der Araber geben. In Bezug auf den ersten Punkt habe ich die Genugthuung gehabt, dass seitdem nach und nach die richtigen Namen in die Lehrbücher über die Geschichte der Medicin übergegangen sind, Deutsche, Engländer, Italiener und Franzosen haben sie angenommen, da sich nichts dagegen einwenden lässt. Was das zweite betrifft, so habe ich mich auch hierin des Beifalls der Kenner zu erfreuen gehabt, und in der That enthält das Buch Alles, was aus der Arabischen medicinischen Literatur damals gedruckt oder in Originalen noch vorhanden war. Dass es an Berichtigungen und Ergänzungen nicht fehlen würde, musste ich erwarten; wer grosse handschriftliche Sammlungen benutzen, wer die Werke selbst einsehen kann, der arbeitet leichter und sicherer, als derjenige, welcher sich auf die meistens höchst mangelhaften, nicht selten unrichtigen Angaben der Cataloge verlassen und aus ihnen das Material mühsam zusammen suchen muss; es war mir schon genug, dass mein Buch als das erste in diesem Literaturzweige die Anregung zu weiteren Forschungen gegeben hat und als Leitfaden benutzt ist.

Nur Leclerc, *histoire de la médecine arabe. Paris 1876*, ist mit meiner Arbeit nicht zufrieden, und wenn er auch zugeben muss, „*le travail de Wüstenfeld est le premier ouvrage sérieux sur la médecine arabe, et celui qui a le mieux fait ressortir la richesse des documents contenus dans l'ouvrage d'Ebn Abi Ossaïbiah*“, so geht diesem Urtheil unmittelbar ein anderes voraus, worin sich Leclerc so weit vergisst, zu sagen, dass ich bei der Benutzung des Ibn Abu Oçeïbia zuweilen geschlafen zu haben schiene, da ich so manches daraus übersehen habe; er hat es aber unterlassen dabei zu bemerken, dass ich von diesem Werke nur einen Auszug benutzen konnte, welcher von den mehr als 400 Biographien des Originals nur 54 enthält, wie ich deutlich in der Vorrede angegeben habe. Seine Aeusserung über mich fällt also auf ihn selbst zurück, oder er ist zu dumm, um soviel Deutsch zu verstehen, dann hätte er schweigen sollen. Indess wiederholt Leclerc die Beschuldigung über solche angebliche Unterlassungssünden in den zwei Bänden so oft, dass man die Absicht, einem deutschen Gelehrten etwas anzuhängen, deutlich genug erkennt, nach dem Grundsatz: „semper aliquid haeret"; ich überlasse es einem Jeden, für ein solches Benehmen die richtige Bezeichnung zu finden. — Leider! hat auch ein deutscher Gelehrter sich so ausgedrückt, dass ich bei meiner Arbeit mehrere wichtige Werke nicht benutzt habe, worin diejenigen seiner Leser, welche mit der Literatur nicht ganz vertraut sind, nur einen Tadel über mich finden müssen, er hat aber unerwähnt gelassen, dass diese Werke erst zehn Jahr nach meinem Buche erschienen sind.

Es hätte nahe gelegen mit den beiden oben bezeichneten Zwecken einen dritten zu verbinden und die Übersetzungen und Übersetzer Arabischer medicinischer Werke in den Kreis der Untersuchung zu ziehen; allein theils würde dies mehr Zeit und Mühe erfordert haben, als ich damals auf diese Arbeit verwenden konnte, theils hatten dieselben Übersetzer auch mathematische und astronomische Werke aus dem Arabischen übertragen, welche ich mit den medicinischen hätte vereinigen müssen, aber nicht sobald genügend übersehen konnte. Doch behielt ich seitdem dies Thema im Auge und habe dazu nach und nach gesammelt. Schon vor zwei Jahren fing ich an, diese Sammlung zu ordnen, wurde aber durch die Herausgabe des Bekri wieder unterbrochen, und als ich die Arbeit eben wieder aufgenommen hatte, erschien Leclerc mit seinem Werk, welches am Schlusse einen ausführlichen Abschnitt über die Übersetzer aus dem Arabischen ins Lateinische enthält. Man könnte meinen, dass dadurch meine Bearbeitung überflüssig geworden wäre, und in der That ist der Unterschied in dem Personal und in den behandelten Werken nicht sehr bedeutend; aber ein oberflächlicher Blick wird zeigen, dass die Ausführung eine ganz verschiedene ist. Leclerc hat mit einzelnen Ausnahmen, wo er die Oxforder Cataloge erwähnt, nur die in Paris vorhandenen Handschriften zu Rathe gezogen; mir lag daran auch einige andere grössere Bibliotheken zu berücksichtigen und besonders die Drucke namhaft zu machen und womöglich selbst einzusehen, ein Gesichtspunkt, welchen Leclerc fast ganz ausser Acht gelassen hat. Ich hätte hier und sonst auch oft genug Gelegenheit gehabt ihn zu widerlegen, ich kann es den Kennern überlassen, wo sie Verschiedenheiten in unseren Angaben finden, zu beurtheilen, auf wessen Seite das Richtige ist. Deutsch scheint Leclerc nicht genügend zu verstehen, ausser dem meinigen hat er kein deutsches Buch genannt, auch nicht benutzt, und desshalb manche von Deutschen Gelehrten längst als unhaltbar zurückgewiesene Ansicht von Neuem aufgetischt. Nur einige Male, wo er selbst seine Unwissenheit gesteht, habe ich darauf hingewiesen, dass er dies doch hätte wissen können und wissen müssen.

Im Allgemeinen habe ich, um nicht zu weitläuftig zu werden, nur die Ergebnisse der oft langwierigen Untersuchungen zusammen gefasst, nur in einigen Fällen musste ich den Gang derselben etwas ausführlicher darlegen, um falschen Ansichten entgegen zu treten oder schlecht begründete auf bessere Weise zu stützen, und da wohl nur wenigen meiner Leser die Handschriften-Cataloge und seltenen Ausgaben leicht zugänglich sind, so habe ich da, wo es nöthig war, die Belegstellen abdrucken lassen. Grade zur Zeit der Erfindung der Buchdruckerkunst standen die Araber in hohem Ansehen und eine verhältnissmässig grosse Anzahl der Lateinischen Übersetzungen findet sich unter den ältesten Druckwerken. Die Cataloge über die Handschriften sind grossentheils noch so mangelhaft, dass sie über viele Fragen, welche bei einer Arbeit wie die vorliegende in Betracht kommen, keine Auskunft geben, sie lassen es z. B. meistens zweifelhaft, ob die Lateinische Übersetzung eines Griechischen Autors aus dem Griechischen, Arabischen oder Hebräischen gemacht ist und ein Irrthum, wenn Übersetzungen fälschlich als aus dem Arabischen stammend angenommen, oder solche, die wirklich aus dem Arabischen übertragen wurden, übergangen werden, ist gewiss sehr zu entschuldigen. Zweck meiner Arbeit war, dasjenige, was mir bis jetzt als feststehend ermittelt zu sein schien, übersichtlich zusammen zu stellen, daran mögen Andere, wie an meine Geschichte der Aerzte, weitere Untersuchungen anknüpfen. Eine vollständige Aufzählung aller verschiedenen Ausgaben eines Buches habe ich nicht beabsichtigt, da sie mir nicht zugänglich waren und ich, wie überhaupt nicht, so hier am wenigsten, Andere nur ausschreiben wollte.

Benutzt sind vorzugsweise folgende Hülfsmittel:

Catalogus librorum Mss. Angliae et Hiberniae. Tom. I. II. Oxoniae 1697.

Catalogus libr. Mss. bibliothecae Cottonianae scriptore Thoma Smitho. Oxonii 1696.

Henr. O. Coxe, Catalog. Codd. Mss. qui in collegiis aulisque Oxoniensibus hodie adservantur. Pars I. II. III. Oxonii 1852—54.

Wm. Henry Black, a Catalogue of the Mss. bequeathed unto the university of Oxford by Elias Ashmole. Oxford 1845.

Catalogus Codicum Mss. bibliothecae regiae. Paris 1744.

Inventaire des Manuscrits de la bibl. imp. par L. Delisle; in der Bibliothèque de l'École des Chartes. 5. Série. Tome 3 u. 4. — 6. Série. Tome 1. 3—6; auch

1 *

in Separatabdrücken. Die Zählung schliesst sich an die des vorigen Catalogs und läuft von Nr. 8823 bis 18613.

Catalogue général des Mss. des bibliothèques publiques des Départements. Tome I. Paris 1849. Autun. Laon. Montpellier. Albi. Tome II. 1855. Troyes. Tome III. 1861. Saint-Omer. Epinal. Saint-Dié. Saint-Mihiel. Schletstadt. Tome IV. 1872. Arras. Avranches. Boulogue.

A. Dorange, Catalogue descriptif et raisonné des Mss. de la bibliothèque de Tours. Tours 1875.

L. Joach. Feller, Catal. Codd. Mss. bibl. Paulinae in acad. Lips. 1686.

Aug. Mar. Baudinius, Catal. Codd. Lat. bibl. Medic. Laurent. Florent. 1775.

Catalogus Codd. Lat. bibl. reg. Monacensis. Composuerunt C. Halm. G. Laubmann. G. Meyer. G. Thomas. F. Keinz. Monachi 1868—76.

Gust. Haenel, Catalogi libr. Mss. qui in biblioth. Galliae, Helvetiae, Hisp. Lusit. Belg. Brit. asservantur. Lipsiae 1830.

A. G. E. Th. Henschel, Catal. Codd. medii aevi medicorum ac physic. qui manuscripti in bibl. Vratislav. asservantur. P. 1. 2. 1847.

M. Steinschneider, Catalog. libr. Hebraeorum in bibl. Bodl. Berol. 1852—60.

Desselben Abhandlungen in dem Serapeum, der Zeitschrift für Mathematik u. Physik, dem Archiv für Anat. u. Physiol. und Bullettino di bibliografia e di storia delle scienze matemat. e fisiche.

A. Jourdain, recherches sur l'age et l'origine des traductions latines d'Aristote. Nouv. Éd. Paris 1843.

J. Bale, Scriptorum illustr. majoris Brytanniae Catalogus. Basil. 1559.

Jo. Pitsei relationum historicarum de rebus Anglicis Tom. I. Paris 1619.

Th. Tanner, Bibliotheca Britannico-Hibernica. Londini 1748.

Nic. Antonii Biblioth. Hispana vetus cur. Fr. P. Bayer. Matriti 1788.

Jo. Alb. Fabricii Biblioth. Latin. Tom. I—VI. Florent. 1858.

Einleitung.

In der zweiten Hälfte des neunten Jahrhunderts unsrer Zeitrechnung hatte die Muhammedanische Herrschaft ihre grösste Ausdehnung erreicht. Von der Chinesischen Gränze durch ganz Mittel- und Vorder-Asien, Aegypten mit Nubien, das nördliche Africa bis über ganz Spanien war Alles dem Islam unterworfen; diese weiten Länderstrecken waren von Arabischen Heeren erobert, die sich fortwährend aus dem Stammlande ergänzten, ihre Anführer waren bis dahin ausschliesslich von Arabischer Abkunft gewesen. Wenn nun auch Spanien kaum ein halbes Jahrhundert nach seiner Unterwerfung sich der Botmässigkeit der östlichen Chalifen entzog, wenn Africa 120 Jahre später nur noch dem Scheine nach ihre Oberhoheit anerkannte, wenn in den entfernteren Asiatischen Provinzen die Statthalter sich unabhängig zu machen suchten, wenn statt der Araber jetzt Perser und Türken sich der obersten Stellen in der Regierung bemächtigten und den Chalifen kaum den Schatten einer selbständigen Gewalt liessen, so blieben doch M u h a m m e d a n e r in allen diesen Ländern die Herrscher, Muhammeds Lehre und Gesetzgebung war die allein anerkannte, Christen, Juden und Magier wurden kaum geduldet und waren den schwersten Bedrückungen preisgegeben, der K o r ä n wurde in allen Moscheen und Bethäusern vorgelesen, aber nur in der ursprünglichen, reinen Arabischen Sprache, Übersetzungen waren streng verboten [1]).

---

1) Erst sehr spät, als die Arabischen Wissenschaften gänzlich in Verfall gerathen und die Arabische Sprache nicht mehr überall im Gebrauche war, fing man an, Übersetzungen zu machen, um das Verständniss des Korän zu erleichtern und wir besitzen Handschriften desselben mit Persischen, Türkischen und anderen Interlinearversionen; Persisch wie Arab. Handschr. d. k. Hof- und Staatsbibl. in München, S. 4 Nr. 10 ohne Jahrszahl; Catalog. Cod. or. bibl. Lugd. Bat. Vol. IV. Nr. 1610. 1611 vom J. 864. (Chr. 1459), Nr. 1612 vom J. 891 (1486) datirt; Türkisch zu Lei-

Da die von den Chalifen ernannten Statthalter mit ihrem Gefolge und die ihnen bei- oder untergeordneten Steuerverwalter sammt deren Unterbeamten, sowie auch die Câdhis nebst ihren Notaren in dem ersten Jahrhundert ausschliesslich Araber waren, so wurde in den eroberten Ländern das Arabische als Gerichts- und Geschäftssprache eingeführt [1]), die unterjochten Völker sahen sich genöthigt Arabisch zu lernen und mit dem Aufblühen der Arabischen Wissenschaften wurde das Arabische in dem ganzen Muhammedanischen Reiche die Sprache der Gelehrten und Gebildeten. Am leichtesten wurde es den sprachverwandten Syrern und Juden sich das neue Idiom anzueignen und diese haben auch als Vermittler durch die Übersetzung der Griechischen Schriftsteller ins Syrische und aus dem Syrischen ins Arabische unendlich viel zu dem raschen Aufschwunge der Arabischen Literatur beigetragen und hierdurch am meisten wurde das Studium des Arabischen auch nach Europa hinüber geleitet.

Man hat angenommen, dass die Kreuzzüge die Kenntniss des Arabischen nach Europa gebracht und das Studium der Sprache veranlasst hätten [2]). Dagegen ist einzuwenden, dass diese Züge nur unternommen wurden, um das heil. Land wieder unter Christliche Herrschaft zu bringen, um den frommen Pilgern den ungestörten Besuch der heiligen Stätten zu sichern. Es war dabei auf die Vertreibung der Muhammedaner, auf die Vernichtung des Islâm abgesehen, wozu man nur der Waffen, nicht der Sprache bedurfte. Die zum Sprichwort gewordene Finsterniss

---

den Nr. 1613 vom J. 926 (1519); zu München, Nr. 11 vom J. 1075 (1665); mit Javanisch zu Leiden Vol. VI. Nr. 2837. Ein Arabischer Korân mit Urdu Interlinearversion und Persischem Commentar am Rande ist lithographisch gedruckt zu Calcutta 1837.

1) In Agypten liess der Statthalter Abdallah ben Abd el-Malik im J. 86 (705) die bis dahin in Koptischer Sprache geführten Grundsteuerrollen ins Arabische umschreiben. Abul-Mahâsin Annales ed. Juynboll. Tom. I. pag. 233. — Die Statthalter von Ägypten. 1. Abth. S. 38.

2) Dies scheint die Ansicht von de Guignes gewesen zu sein in seinem Essai historique sur l'origine des caractères orientaux de l'imprimerie royale; in den Notices et Extraits des Mss. Tome I. pag. XII.

des Mittelalters lastete zu schwer auf Europa, als dass man die Beschäf-
tigung mit einer ganz fremden Sprache erwarten dürfte.   Auf den Kir-
chenversammlungen des 12. Jahrhunderts wurden wiederholt Klagen laut
über die Unwissenheit der Geistlichen, man verlangte, sie sollten fleissi-
ger den Wissenschaften obliegen und auch die fremden Sprachen lernen.
Wenn dabei neben dem Griechischen und Hebräischen auch das Arabische genannt wurde, so mochte man wohl das Bedürfniss fühlen, mit
den Feinden, gegen die man im Orient Krieg führte, sich verständigen
zu können; aber es blieb bei den Klagen, an die Ausführung dachte
Niemand.

Man könnte selbst noch weiter zurückgehen und von der Besitz-
nahme Siciliens durch die Araber (827) und von ihren Einfällen in Un-
teritalien (seit 890) den Anfang einer Kenntniss des Arabischen in Europa herleiten; oder man könnte die Normannen für die Vermittler halten, nachdem sie Sicilien erobert hatten, deren König Roger II. soviel
Sinn für die Arabischen Wissenschaften bewies, dass er den Geographen
Idrísi nach Sicilien kommen liess und die Abfassung seines grossen geo-
graphischen Werkes unterstützte (1153).   Aber wir haben kein Zeugniss
dafür, dass danach irgend eine Weiterverbreitung der Kenntniss der
Arabischen Sprache auf dem Europäischen Continent erfolgt sei.

Der erste Kreuzzug vom Jahre 1097 hatte zwar den günstigen Erfolg, dass Jerusalem erobert und dort ein christliches Königreich errich-
tet wurde, welches fast 90 Jahre lang bestand; einzelne Europäer mögen
auch dort das Arabische gelernt haben, dafür sprechen die orientalischen
Fabeln und Märchen, welche seit jener Zeit in Europa weiter erzählt
wurden; auch manche neue Begriffe und Kenntnisse brachten die Kreuz-
fahrer aus dem Orient mit, selbst einzelne Ausdrücke von Gegenständen
die man dort kennen gelernt hatte, mögen durch sie in die Europäischen
Sprachen gekommen sein, wiewohl es näher liegt, ihre Verbreitung von
Spanien herzuleiten, wie denn das Spanische sehr viele Wörter aus dem
Arabischen aufgenommen und beibehalten hat [1]).   Eine wirkliche Sprach-

1) Dozy et Engelmann, Glossaire des mots Espagnols et Portugais dérivés
de l'Arabe. 2. Édit. Leyde 1869.

kenntniss war das gewiss nicht und zumal Bücher verabscheute man als das Werk der Ungläubigen und es findet sich keine Spur, dass durch die Kreuzzüge irgendwo in Europa ein Interesse für die Arabische Literatur erweckt sei.

Nachdem der Sultan Çalâh ed-Dîn im J. 1087 Jerusalem den Christen wieder entrissen hatte, wurden in den nächsten funfzig Jahren noch fünf Kreuzzüge unternommen, selbst Jerusalem einmal auf kurze Zeit wiedergewonnen, dann aber erkaltete der Eifer und der Muth für solche Unternehmungen, man überzeugte sich, dass bei der Eifersucht und Uneinigkeit der Christlichen Fürsten eine dauernde Eroberung von Palästina durch Waffengewalt nicht gelingen würde und kam nun auf den Gedanken, mit Hülfe der geistigen Waffen die Muhammedaner zu bekehren, und dazu bedurfte es freilich der Kenntniss ihrer Sprache. Es währte aber noch über sechzig Jahre nach dem letzten Kreuzzuge, ehe auf dem Concil zu Vienne im J. 1312 der Beschluss gefasst wurde, zu diesem Zwecke Lehrstühle für das Hebräische, Arabische und Chaldäische zu errichten [1]), jedoch hatte dies damals nicht den geringsten Erfolg, es fanden sich keine Lehrer für diese Sprachen und es konnten deshalb auch keine Missionare herangebildet werden. In diesem Beschlusse mit einem solchen Ausgange liegt aber zugleich der beste Beweis und das Geständniss, dass durch die Kreuzzüge für die Kenntniss der Arabischen Literatur nichts gewonnen wurde. Wir haben also auf andern Wegen zu untersuchen, wo und wie die einzelnen Gelehrten, welche schon viel früher die Werke der Araber ins Lateinische übersetzten, sich die dazu nöthige Sprachkenntniss erworben haben.

In Spanien standen schon im zehnten Jahrhundert die Arabischen Wissenschaften in vollster Blüthe; in mehr als zwölf Städten befanden sich höhere Unterrichtsanstalten, von denen die Hochschulen zu Toledo und Cordoba die berühmtesten waren [2]). Wenn indess auch ihr Ruf über

---

1) Cave, Scriptorum ecclesiasticorum historia literaria. Ed.II. Tom.II. App. pag.90.

2) Die Nachrichten, welche Casiri, Biblioth. Arab. Hispan. Escurial. davon giebt, sind zusammengestellt und geordnet von H. Middeldorpf, Commentatio de institutis literariis in Hispania quae Arabes auctores habent. Gottingae 1810.

die Pyrenäen nach dem übrigen Europa hinüberdringen mochte, wo nach
den alles geistige Leben zerstörenden Völkerwanderungen kaum noch
hinter den Klostermauern einige wissenschaftliche Studien getrieben und
in den gewöhnlichen Disciplinen einiger Unterricht ertheilt wurde, so ist
es bei dem grossen Abscheu, den man gegen die ketzerischen Lehren
Muḥammeds hatte, an sich nicht sehr wahrscheinlich, dass in so früher
Zeit junge Männer nach Spanien hinübergegangen wären, um ihre Kenntnisse zu erweitern; auf der andern Seite würden aber auch die strengen
Muslim nicht gestattet haben, dass ihre Unterrichtsanstalten, die gewöhnlich unmittelbar mit den Moscheen verbunden waren, von ungläubigen
Christen betreten und entweiht würden. Wenn man demnach, auf die
unsicheren Zeugnisse einiger Chronisten gestützt, früher annahm, dass schon
um die Mitte des zehnten Jahrhunderts Gerbert (der nachherige Papst
Silvester II. gest. 1003) Spanien, namentlich Cordoba besucht und von
dort seine Kenntnisse in der Mathematik und Astrologie geholt habe [1]),
so ist dies längst gründlich widerlegt. Gerbert war etwa im J. 968
nur einige Zeit in Barcelona, welches damals nicht mehr unter Arabischer
Herrschaft stand, sein Zweck war aber nicht, sich mit der Sprache und
den Wissenschaften der Araber bekannt zu machen, und wenn er, was
fast zweifellos ist, das Arabische nicht verstand und es nicht begreiflich ist,
wie er ohne die Kenntniss der Sprache sich etwas von den Arabern hätte zu
eigen machen können, so thut das seinen grossen Verdiensten keinen Abbruch [2]).

1) Ademari Chabannesis Chronicon, in Phil. Labbe, Nova bibl. Mss. libr.
Tom. II. pag. 169: „primo Franciam, dein Cordubam lustrans". — Will. Malmes-
birensis gesta regum Anglorum. Lib. II. § 167. — Eximius in medio aevo philosophus Gerbertus, primo Remorum dein Ravennatum archiepiscopus postea Romanus
Pontifex Silvester II. injuriis tam veterum quam recentiorum scriptorum dissertatione
— sub moderamine Joh. Davidis Koeleri — liberatur a Johanne Conrado Spoerl.
Altdorfii 1720. — Dies ist der genaue Titel; wenn man über die Autorschaft gestrit-
ten hat und selbst Olleris nur Spoerl's Namen erwähnt, so ist darüber zu bemerken, dass bei den älteren Dissertationen der Präses auch der Verfasser ist; sub
praesidio Koeleri mit dem Namen eines Candidaten sind über 30 Abhandlungen
erschienen, die er selbst geschrieben hat, so auch die obige.

2) C. F. Hock, Gerbert oder Pabst Sylvester II. Wien 1837. — Chasles, Ge-

Ebenso unwahrscheinlich ist es, dass der Graf Hermann von Vehringen, gest. im J. 1054, das Arabische verstanden habe. Er war Benedictiner Mönch zu St. Gallen oder Rheinau (Reichenau, Augia major) oder nach einander in beiden Klöstern, worüber die Chronisten streiten[1]). Da er von Jugend auf ganz verwachsen war (daher Hermannus Contractus genannt) und sich nicht forthelfen konnte, so war er nicht im Stande, weite Reisen zu machen, um in fernen Ländern das Arabische zu lernen, und es ist nicht ersichtlich, wie er sich sonst die Kenntniss desselben hätte verschaffen können. Gleichwohl wird von ihm gesagt: Linguae Graecae, Latinae et Arabicae adeo fuit gnarus, ut veluti vernaculas eas loqueretur[2]) und Rhetoricam et Poësin Aristotelis ex lingua Arabica in latinam vertit[3]), und er wird desshalb Latine, Graece et Arabice doctus genannt[4]). Die Beweise fehlen, vielmehr ist offenbar Hermannus Contractus mit dem zwei Jahrhunderte später lebenden Hermannus Alemannus, dem Lehrer des Roger Bacon verwechselt.

§. 1. CONSTANTINUS AFRICANUS.

Nehmen wir Spanien und Sicilien aus, so war der erste in Europa (jedoch nicht von Geburt ein Europäer), von dem sich mit Sicherheit sagen lässt, dass er die Arabische Sprache verstand, Constantinus Africanus, dessen Lebensumstände von der Sage etwas ausgeschmückt zu sein scheinen. Danach wurde er im ersten Viertel des XI. Jahrhunderts in Carthago geboren, studirte Medicin und Philosophie und machte dar-

---

schichte der Geometrie. Aus d. Franz. durch L. A. Sohncke. Halle 1839. S. 585. — Max Büdinger, über Gerberts wissensch. u. polit. Stellung. Marburg 1851. — M. Cantor, mathemat. Beiträge zum Kulturleben der Völker. Halle 1863. — Oeuvres de Gerbert, Pape sous le nom de Sylvestre II. par A. Olleris. Paris 1867. Préface. Vie de Gerbert.

1) Ussermann, Germaniae sacrae Prodromus. Tom. I. pag. 246. — S. Locher, Regesten zur Geschichte des Grafen von Veringen. (1872.) S. 10.

2) B. Pez, Thesaurus anecdot. noviss. Tom. I. P. 3. pag. 582.

3) Daselbst pag. 689.

4) Cave, Script. eccles. histor. lit. Tom. II. pag. 132.

auf eine Reise in den Orient, auf welcher er 39 Jahre zubrachte, längere
Zeit in Bagdad verweilte, dann bis nach Indien kam und über Äthiopien
und Ägypten zurückkehrte. Um dieselbe Zeit lebten Ibn Sinâ, el-Birûnî,
Ibn Butlân, aber es wird nicht erwähnt, dass er mit diesen oder mit irgend einem andern Arzte oder Gelehrten des Orients in Berührung gekommen sei. Bald nach seiner Rückkehr in die Heimath wurde er als
der Zauberei verdächtig von dort wieder vertrieben und begab sich ums
J. 1060 nach der Neapolitanischen Stadt Salerno, wo seit mehreren Jahr-
hunderten durch alle Stürme der Zeiten sich eine gute Schule erhalten
hatte, in welcher ausser in den gewöhnlichen Disciplinen auch in der
Medicin Unterricht ertheilt wurde. Dieser Anstalt widmete Constantinus
seine ganze Thätigkeit, sie wurde durch ihn sehr gehoben, und die Medicinische Schule von Salerno erlangte bald eine Europäische Berühmtheit.

Petrus Diaconus, Chronica monasterii Casinensis; in Monumenta
Germ. histor. Tom. XI. pag. 728. — Ejusd. de viris illustr. Casinens.
opusculum. Romae 1655. pag. 65. — Cave, Scriptorum eccles. historia liter. Edit. nova. Oxon. 1743. Vol. II. pag. 150. — G. B. Gen-
naro Grossi, la scuola e la bibliografia di Monte Casino. Napoli 1820;
pag. 79. — Salv. de Renzi, storia documentata della scuola medica di
Salerno. 2. Ediz. Napoli 1857; pag. 218. — Salv. de Renzi, storia
della medicina in Italia. Napoli 1854; Tom. II. pag. 90. — E. H. F.
Meyer, Geschichte der Botanik. Bd. 3. 1856. S. 471. — Franc. Puc-
cinotti, storia della medicina. Napoli 1860. Vol. II. P. 1. pag. 338. —
Steinschneider, Constantinus Africanus und seine arab. Quellen; in
Virchow's Archiv für patholog. Anatomie. Bd. 37. 1866. S. 351. —
H. Haeser, Lehrbuch der Gesch. der Medicin. 3. Aufl. 1875. S. 683.

Constantinus hatte eine Menge Arabischer und Griechischer medicinischer Werke aus dem Orient mitgebracht und soll 76 derselben ins
Lateinische übersetzt haben, auch verfasste er selbst eine Anzahl medicinischer Schriften, zu denen er die Araber benutzte. Der Herzog Robert Guiscard, welcher sich im J. 1075 der Stadt Salerno bemächtigte,
hatte ihn als Secretär in seine besonderen Dienste genommen, allein
seine Neider und Feinde wussten ihn auch hier in den Geruch der Zau-

berei zu bringen, er sah sich vielfachen Verfolgungen und Anfeindungen
ausgesetzt, so dass er sich zuletzt in das Benedictiner Kloster Monte
Cassino zurükzog, wo er im J. 1080 oder 1085 gestorben ist.

Die von ihm gedruckten Werke bestehen zum grossen Theil aus
wörtlichen Übertragungen oder Auszügen aus Hippokrates, Galenus, el-
Râzi († 923), Ishâk ben Suleimân († 932), 'Alí ben 'Abbâs († 994), Ibn
el-Gazzâr († 1004) und Anderen, er scheute sich aber nicht, einige derselben sich selbst beizulegen. Zu diesen gehört das zuerst in den Opera
Ysaac, Lugduni Anno dñi XV supra M. (lies 1515, wie in den Unter-
schriften der Begleitschreiben auf der Rückseite des Titels) erschienene
Hauptwerk

1. Liber Pantegni Ysaac israelite — quem Constantinus
Aphricanus monachus montis cassinensis sibi vendicavit, wie Petrus
Hispanus, der Sammler und Commentator einiger anderer Übersetzungen des Constantinus, mit denen er die Pantegni wieder herausgab, gleich
in der Überschrift hinzugesetzt hat. Und in der That, wenn man die von
Constantinus vorangestellte Dedication an Desiderius, Abt des Klosters von
Monte Cassino, und seine Einleitung liest, worin er nur von den Griechen
und Lateinern spricht und die Araber gar nicht erwähnt und das Ganze
als sein Werk hinstellt, so hält es schwer, ihn von jener Beschuldigung
frei zu sprechen. Durch eine weitere Anmassung, die aber missverstanden
wurde (s. unten), ist es gekommen, dass dies Werk dem Isaac beigelegt
wurde, da es vielmehr den 'Alí ben 'Abbâs zum Verfasser hat und dessen *Liber completus artis medicae qui dicitur regalis dispositio* ist. Der
neue Übersetzer desselben, Stephanus, kannte nur den ersten Theil der
Lateinischen Übertragung, er verschweigt Constantins Namen, begrün-
det aber in dem Prologus seine Anklage gegen ihn genauer: *Impegi
itaque in quendam qui apud arabes medicinae complementum dicitur et regalis
librum. De quo si quid haberet latinitas requirens, ejus ultimam et majorem
deesse sensi partem. Alteram vero interpretis*[1] *calida depravatam fraude,*

---

1) Der sonst so vorsichtige und gründliche Steinschneider schreibt in Virchow's Archiv Bd. 37 S. 359 *interpretis* [l. *interpretationem*?]; er hat nicht bemerkt,
dass der Genitiv mit *fraude* zu verbinden und *alteram* auf *partem* zu beziehen ist.

nomen etenim auctoris titulumque subtraxerat, seque qui interpres extiterat et inventorem libri posuit, et suo nomine titulavit. Quae ut facilius posset et in libri prologo et in aliis multa praetermisit plurimis necessaria locis, multorumque ordines commutans nonnulla aliter pertulit, hoc uno tamen observato nihil prorus ex suis addidit u. s. w.

Dies ist das richtige Verhältniss der Übersetzung Constantins zu dem Liber regius des 'Alí ben 'Abbâs, von Stephanus regalis dispositio genannt, dessen eigentlichen Titel كمل الصنعة الطبية „das Ganze der Arzneiwissenschaft" Constantin passend durch Pantegni wiedergegeben hat. Das Werk zerfällt in zwei Theile, Theorica und Practica, von denen, wie gesagt, Stephanus nur den ersten Lateinisch kannte, und der sich auch in einigen Handschriften einzeln findet, und nur dieser ist auch in der Baseler Ausgabe von 1539 enthalten: *Summi in omni philosophia viri Constantini Africani Medici operum reliqua, hactenus desiderata, nuncque primum impressa ex venerandae antiquitatis exemplari, quod nunc demum est inventum.* — Dem Herausgeber war also die 24 Jahre früher erschienene Ausgabe des Liber Pantegni Isaac unbekannt und noch mehr dessen Verhältniss zu dem weitere 24 Jahre früher (1492) gedruckten Liber regius. In jener Einzelausgabe, welche *De communibus medico cognitu necessariis locis* überschrieben, am Schlusse aber als *Theoricorum X libri* bezeichnet ist, ist die Dedication an den Abt Desiderius etwas kürzer, im Text der Ausdruck hier und da in einzelnen Worten, öfter die Wortstellung verändert.

Es bleibt noch die Ansicht derer zu besprechen, welche das Verhältniss umkehren und Isḥâk für den wahren Verfasser des Pantegni halten. Die Herausgabe der Opera Ysaac wurde auf Veranlassung des königl. Leibarztes Antonius de Toledo durch den gelehrten Arzt Andreas Turinus Pisciensis (de Piscia) besorgt, welcher ein Exemplar an Simphorianus Camperius, den Leibarzt des Herzogs von Lothringen, sandte. Dieser machte in einem auf der Rückseite des Titels abgedruckten Dankschreiben den Andreas darauf aufmerksam, dass er zwei Gelehrte des Namens Isḥâk für einerlei Person gehalten habe, im Übrigen stimmt er dafür, dass Isḥâk Israelita und nicht, wie Stephanus behaupte,

'Alí ben 'Abbás der Verfasser des Pantegni sei. Seine Worte sind:
*Quapropter mi suavissime Andrea amicitiae legibus astringor, tibi protinus
communicare quicquid de auctore Ysaac aliquando legerim. Et ne tibi fas-
tidio sim, loca tantum conciliatoris*[1]) *adducam, quae ipsemet legere poteris.
Differentiis enim III. XI. XXIIII. XXXI. XXXIII. et XLIIII. facile
nobis insinuavit duos fuisse Ysaac, alterum Heben Amaran*[2]), *alterum Israe-
litam, primum philosophum, qui de definitionibus*[3]) *conscripsit, alterum medicum, qui plura in medicina opera nobis tradidit, praesertim Pantechni opus,
quod esse ab Ysaac compositum testis est liber febrium sine dubio Ysaac ad-
scriptus, in quo particula quarta capi. VI. seipsum citat in Pantechni. Quod
si quis eandem fere verborum et capitum seriem Halyabbatis et Pantechni in-
venerit, non miretur. Nam liber qui complementum medicinae appelatus est,
non Halyabbati attribuendus erat, ut placuit Stephano philosophiae discipulo
frivolis rationibus moto, sed ipsi Ysaac, ut Rasi visus est sub Ysaac titulo
plura adducenti quae in Halyabbate inveneris nullo mutato verbo et capite
toto.*

Diese Gründe für die Autorschaft des Isḥâk, welche der Herausgeber Andreas in einem weiteren Schreiben an seine Lehrer Jo. Rosatus
und Jo. Franciscus Genarius anerkennt, haben auch (nach dem
obigen oder selbständig) besonders Freind[4]) und Thierfelder[5]) wieder gel-
tend gemacht, Andere haben die Frage unentschieden gelassen. Die
Stelle in dem Liber febrium, welche gemeint ist, steht Opera Ysaac fol.
CCXIIII Col. a Zeile 28: *quod utrumque explanabimus in nostro libro Pantegni. Quod si quis facillime intelligere desideraverit, legat capitulum de
ymeracriseos scriptum in eodem libro, ibi enim plene diximus et monstravimus*

---

1) D. i. el-Ḥâwí oder Continens, das grosse Werk des Râzí.

2) Über diesen Isḥak ben 'Amrân (richtiger 'Imrân) vergl. m. Geschichte der
Arabischen Ärzte §. 77.

3) Die erste Schrift in den Opera Ysaac (ben Suleimân), deren Übersetzung
in mehreren Handschriften dem Gerardus Cremonensis zugeschrieben wird.

4) J. Freind, history of physick. 2. Edit. Part. II. pag. 222.

5) in Janus, Zeitschr. für Gesch. d. Medicin. Bd. 1. 1846. S. 685.

cet[1]). Hiernach müsste also der Verfasser des Liber febrium und des Pantegni ein und dieselbe Person sein. Um der Sache auf den Grund zu kommen, blieb nichts übrig, als den Arabischen Text zu Rathe zu ziehen und ich bat desshalb meinen Freund Prof. Dozy, in dem Codex zu Leiden No. MCCCV, welcher das Werk de febribus enthält, diese Stelle zu vergleichen. Die Antwort desselben lautet: „Nichts wäre mir angenehmer als Ihre Frage in der Weise zu beantworten, als Sie es in Ihrem Briefe angeben; dieses ist aber darum rein unmöglich, weil das lateinische Buch so viel wie nichts von einer Übersetzung hat und zu dem arabischen Texte garnicht passt. Man sollte versucht sein zu sagen, es seien zwei Autoren, die in der nämlichen Folge, aber ein Jeder auf seine eigene Art und Weise, über denselben Gegenstand schreiben. Das 6. Capitel des Lateinischen, „de scientia cretice diei", entspricht, aber nur was den Gegenstand betrifft, demjenigen, was unsere Handsch. Fol. 121ʳ hat, und dann folgt 124ᵛ على ضربين (sic) اما الدلائل الانذاريّة فيكون, wie das 7. Cap. im Lateinischen „*de cognoscenda crisi ventura*": übrigens aber ist der Unterschied so ungeheuer gross, dass von einer Vergleichung nicht die Rede sein kann. Also nur so viel: von den Worten „*quod utrumque explanabimus in libro nostro Pantegni*" steht eben so wenig etwas im Arabischen, als von der *luna*, von dem darauf folgenden Hippocrates und all dem weiteren Unsinn. Es ist fürchterlich zu sehen, wie diese lateinischen Übersetzer die arabischen Bücher bis zur Unkenntlichkeit verstümmelten".

Dieses strenge Urtheil kommt hier nur insoweit in Betracht, als nun erwiesen ist, dass die Stelle in dem Liber febrium nicht beweist, dass Ishak der Verfasser des Pantegni sei; Constantinus ist hier aus der Rolle gefallen und hat vergessen, dass er in dem Prologus zu dem Liber febrium selbst sagt: „*hunc librum transtuli ex arabica lingua in latinam*", und indem er sich wiederum durch die Worte „*in nostro libro Pantegni*" für

---

1) Vergl. Pantegni, Theorica Lib. X. Cap. 8, genau entsprechend demselben Capitel in 'Ali ben 'Abbas Liber regius; also wiederholt dieselbe Anmassung fremden Eigenthums.

den Verfasser ausgiebt, gewinnt es den Anschein, als wenn er beabsichtigt hätte, auch für den Verfasser des Liber febrium gehalten zu werden. Wenn übrigens die Lesart *explanabimus* richtig wäre, so müsste man annehmen, dass die Herausgabe des Pantegni erst nach der des Liber febrium erfolgt sei; die folgenden Verba *diximus et monstravimus* scheinen dem zu widersprechen und es wird desshalb *explanavimus* zu lesen sein, wie Thierfelder stillschweigend verbessert hat. — Ob es sich mit den Citaten in dem Continens des Râzî ähnlich verhalte, kann endgültig auch nur mit Hülfe des arabischen Textes entschieden werden, indess hat Steinschneider a. a. O. auch ohne diesen schon einige Gesichtspunkte aufgestellt, welche ihre Beziehung auf Ishâk bezweifeln lassen. Zudem kennen die Arabischen Biographen und Bibliographen kein dem Pantegni ähnliches Werk, welches den Ishak zum Verfasser habe, während alle ohne Widerspruch das Liber regius dem 'Alî ben 'Abbâs beilegen, so dass also auch das Pantegni eine Bearbeitung desselben durch Constantinus sein muss.

Handschriften des Pantegni sind zu Leipzig, Feller pag. 254,19; 278,29; 279,33; 388,775; zu Paris Cod. 6885—87A. 7042. 7137. 8157. 11223; zu Padua Tomasin. pag. 35; zu München Cod. 3513.

2. Nicht besser steht es mit dem in derselben Sammlung der Opera Ysaac, Lugduni 1515 enthaltenen *Viaticum Ysaac, in septem partitum libros, quod Constantinus Aphricanus, montis cassianensis monachus latinum fecit (ut pleraque alia ipsius opera) sibique id arrogare non erubuit.* In dem Prohemium fol. CXLIIII wiederholt Constantinus, dass er der Verfasser des Liber Pantechni sei, und es scheint, dass er theils wegen der Autorschaft, theils wegen des Inhaltes angegriffen war; er vertheidigt sich dagegen nur schlecht und wirft andern vor, was ihn selbst trifft, wenn er sagt: *Quem nostrum laborem* [librum Pantechni] *si qui dente canina corroserint, in nugis suis inveterati torpescere et dormitare sunt dimittendi. Nostrum autem nomen huic opusculo* [Viatico] *apponi censui, quia quidam horum alieno emulantes labori, cum in eorum manus labor alienus venerit, sua furtim et quasi ex latrocinio supponunt nomina. Viaticum intitulavi et pro parvitate sui neque laboriosus, neque tediosus est intuenti.* Der Herausge-

ber stimmt dem obigen Urtheile bei; *Addidimus multa Constantini opuscula, verentes et illa furta esse, ut de Viatico manifeste patet.*

Dieses Viaticum war schon als Anhang der Opera parva Abubetri filii Zacharie filii arasi (Abu Bekr Râzí) Lugdini 1510 edirt: *Breviarium Constantini dictum viaticum*; auch hier hat eine Verwechselung stattgefunden, indem nicht Ishâk, sondern dessen Schüler Abu Ga'far Ahmed Ibn el-Ġazzâr der Verfasser desselben ist[1]).

Handschriften befinden sich zu Oxford C o x e, Pars I. Colleg. Oriel. No. 62; Pars II. Colleg. Corp. Chr. No. 189,5; zu Cambridge Catalog. Mss. Angl. Tom. I. P. III. pag. 115 No. 956; zu Paris Cod. 6888—90. 6951. 7038. 7043—44. 11244; zu Montpellier Bibl. des Départ. Tome I. pag. 357 No. 186; pag. 418 No. 324; zu Tours D o r a n g e Cod. 794; zu Rouen H a e n e l Col. 423 No. 502; zu Bruges H a e n e l Col. 761 No. 455; zu Leipzig F e l l e r pag. 254,10; 278,30—32; 349,6; zu Marburg C. F. H e r m a n n, Catalog. Codd. Mss. Marburg. B. 5; zu München Cod. 11343. 13086.

Diese beiden Werke Liber Pantegni und Viaticum wurden wahrscheinlich gleich anfangs mit vier anderen von Constantinus übersetzten Schriften, welche wirklich den Ishâk zum Verfasser haben, zusammengeschrieben, nämlich

3 — 6. **L i b e r d i e t a r u m u n i v e r s a l i u m, L i b e r d i e t a r u m p a r t i c u l a r i u m, L i b e r u r i n a r u m und L i b e r f e b r i u m**; in dem Prologus der beiden letzten sagt Constantinus, dass er sie aus dem Arabischen übersetzt habe. Sowie sie in den Opera Ysaac, Lugdini 1515 vereinigt sind, finden sie sich auch in den Handschriften gewöhnlich zusammen, zu Oxford C o x e Pars I. Colleg. Oriel. No. 62; Pars II. Colleg. Omn. Anim. No. 69; Colleg. Corp. Chr. No. 275; B l a c k Ashmole

---

1) Vergl. *Ch. D a r e m b e r g, Recherches sur un ouvrage qui a pour titre Zad el-Mouçafir, en arabe, Éphodes, en grec, Viatique, en latin, et qui est attribué, dans les textes arabes et grecs, à Abou Djafar, dans le texte latin, à Constantin.* In *Archives des missions scientifiques et littéraires. Tome II. Paris 1851. pag. 490.* — *Études sur le traité de médecine d'Abou Djafar Ahmad, intitulé* زاد المسافر „*la provision du voyageur*", par *G. D u g a t.* In *Journal Asiatique. V. Série. Tome I. Avril 1853.*

3

No. 1470; zu Paris Cod. 6871A. 7034. 7041; zu Montpellier Bibl. des Départ. Tome I. pag. 356 No. 182bis; zu Leipzig Feller pag. 279,32; zu München Cod. 3521. 13066; Liber febrium zu Paris Cod. 14393. 15115; Tomasini pag. 79; Liber urinarum zu München Cod. 4374.

7. Desselben Isḥâk Liber de gradibus hat Constantinus in das Pantegni am Ende des zweiten Buches der Practica eingeschoben; Opera fol. 77—86.

8. Hippocratis Aphorismorum liber cum Galeni commentario, interprete Constantino Africano, praevia interpretis epistola ad Glauconem sive Azzonem. Dieser Azzon[1]), sein Schüler, war Caplan der Kaiserin Agnes, für welche er die Schriften seines Lehrers in Romanische Verse gebracht haben soll. In jener Zuschrift sagt Constantinus selbst, dass er die Aphorismen aus dem Arabischen übersetzt habe. Eine zuerst von Orlandi, origine e progressi della stampa, pag. 334 und danach von Maittaire, Panzer und Hayn verzeichnete Ausgabe: *Hippocratis Aphorismorum Sectiones VII. interprete Constantino Monacho cum eruditiss. Galeni commentario. Venetiis 1493* ist noch nicht weiter nachgewiesen. Handschriften sind zu Oxford Coxe Pars I. Colleg. Mert. No. 220—222; Pars II. Colleg. Omn. Anim. No. 68 und 71; zu Paris Cod. 6860A. 6869 —71. 7030A. 17157; zu Montpellier Bibl. des Départ. Tome I. pag. 356 No. 182; zu Saint-Mihiel ibid. Tome III. pag. 526. No. 37; zu Tours Dorange Cod. 790—792; zu Mailand Bibl. Ambros. Es ist nicht wahrscheinlich, dass Constantinus eine zweite Uebersetzung aus dem Griechischen machte, wie man aus der Aufschrift des Escurial Codex schliessen müsste; Haenel Col. 947: Galeni aphorismi p. Const. Afric. ex Graeco in Latinum translati.

9. 10. Hippocratis prognostica und de regimine morborum acutorum (eodem Constantino interprete) finden sich gewöhnlich mit den aphorismi in denselben Handschriften zusammen.

Die unter Constantinus Namen in dessen Opera Basileae 1536 pag.

---

1) In einigen Handschriften und von Petrus Diaconus wird er Atto, Haito vel Hetto genannt; Azzo, Azzon kommt auch sonst als Name vor.

308 enthaltene Schrift de animae et spiritus discrimine ist aus dem Arabischen des Costa ben Luca von Johannes Hispanus übersetzt. S. unten §. V. 15.

11. **Tegni Galeni.** Diese Schrift führt Petrus Diaconus unter den Übersetzungen Constantins auf; die Handschrift zu Oxford, Black Ashmole No. 1285,vii, Liber medicinalis, qui Tegne Galieni dicitur hat den gleichen Anfang mit dem Druck in der Articella, Lugduni 1525 Fol. CV. Sie schliesst sich dem Griechischen Text so wenig an, dass sie aus dem Arabischen geflossen sein muss. Microtegni Galeni zu München Cod. 4622.

12. 13. **Abubecri filii Zachariae Rhasis** Divisionum liber, interprete Constantino; zu Oxford Coxe Pars II. Colleg. St. Joh. Bapt. No. 85. — Eine andere Übersetzung ist von Gerardus Cremonensis. — Ejusdem Rhasis Experimentorum liber eodem interprete in derselben Handschrift.

14. **Terapeutica**: Megatechni: seu de ingenio sanitatis libri Galieni a Constantino Aphricano studiose abbreviati, in der Ausgabe Opera Ysaac, Lugd. 1515 Fol. CXC, handschriftlich zu Leipzig Feller, pag. 258,29 Megatechni, sive ars magna Galeni exposita a Constantino ad filium Johannem, scheint eine selbständige Bearbeitung Constantins zu sein, wiewohl nach dem Herausgeber Andreas dasselbe für ein von Constantinus übersetztes Werk gehalten wurde: *Compendium Megatechni placuit apponere, non quia opus Ysaac, sed quia utile et proficuum, et quia auctor transferens perhibetur Constantinus.*

In seinen anderen Schriften hat Constantinus sicher manches aus den Arabern genommen und wenn man die Originale vergleichen könnte, würde man wahrscheinlich finden, dass manche Stellen von ihm wörtlich übertragen sind. Indess kann man solche Bearbeitungen nicht eigentlich Übersetzungen nennen, man wird Constantinus nicht alle Selbständigkeit absprechen wollen; mit der nicht wegzuleugnenden Aneignung fremder Schriften wird man es nach den damaligen Begriffen von literarischem Eigenthum auch nicht so streng zu nehmen haben, da theils seine Zeitgenossen wussten, dass er die Araber benutzte, theils er selbst durch

3 *

seine Übersetzungen sich als den zweiten Schöpfer ansehen konnte, und es bleibt ihm jedenfalls das grosse Verdienst, zuerst die medicinischen Werke der Araber und Griechen in Europa zugänglich gemacht und verbreitet zu haben.

§. II. ADELARDUS BATHONIENSIS.

Der Englische Benedictiner Mönch Adelard aus Bath (Athelardus Bathensis, Badunensis, auch Gothus zubenannt) hatte sich mit philosophischen Studien beschäftigt und auf Reisen durch Deutschland und Frankreich besonders während eines längeren Aufenthaltes in den Klosterschulen zu Tours und Laon sich ausgebildet und auch schon als Lehrer gewirkt. Von hier begab er sich, um dem Drange nach einer gründlicheren Kenntniss der Griechischen Wissenschaften zu genügen, zunächst nach Salerno, dann über Griechenland nach Asien, wo er die Arabische Sprache erlernte und kehrte über Ägypten und Spanien sieben Jahre nach seinem Abgange von Laon in seine Heimath zurück. Diese Reisen fallen in den Anfang des XII. Jahrhunderts und seine sich daran knüpfende wissenschaftliche Thätigkeit in die Jahre 1120 bis 1130, wie sich aus der Vergleichung der Lebenszeit der Personen, welche er in seinen Schriften namhaft macht, ergiebt[1]).

1. Von den Arabern hatten ihn besonders die mathematischen und astronomischen Werke angezogen und in Ermangelung des Griechischen Originals übersetzte er die Elemente des Euclides aus dem Arabischen ins Lateinische, sicherlich nach der Übertragung des Isḥâk ben Ḥunein und der Recension des Thâbit ben Curra, da der uns bekanntere Naçîr ed-Dîn el-Ṭûsî, dessen Arabische Übersetzung zu Rom 1594 gedruckt ist, erst hundert Jahre nach Adelard lebte, geb. 1201, gest. 1273. Die Lateinische Übersetzung des Adelard befindet sich handschriftlich zu Glasgow, Haenel Col. 786: Euclidis elementa ex Arabico in Latinum

---

1) Jo. Pitsei relationum histor. de rebus Anglicis Tom. I. pag. 200. — Jo. Bale, Scriptorum illustr. majoris Brytanniae Catalogus. pag. 183. — Thom. Tanner, Bibliotheca Britannico-Hibernica. pag. 55.

translata par Adelardum Goth. Bathoniensem sub commento mag. Campani Novariensis; zu Oxford Catal. Mss. Angl. Tom. I. P. I. pag. 162 No. 3359; pag. 173 No. 2623; Coxe Colleg. S. Trinit. No. 47,6: Euclidis Elementorum artis geometriae per Adelardum Bathoniensem ex Arabica lingua in Latinam translatae propositiones, nebst der Institutio artis geometriae ab Euclide descripta XV libros continens, per Adelardum Bathoniensem ex Arabico in Latinum sermonem translata; zu Paris Cod. 7213—15. 7216A. 7420A. 16197; zu München Cod. 11305. 14448.

Nach diesen bestimmten Angaben der Handschriften kann es nicht mehr zweifelhaft sein, dass von Jo. Campanus nicht, wie man früher annahm, die Übersetzung, sondern nur der Commentar herrührt und ebenso, dass er nicht ums J. 1030, sondern erst ums J. 1250 gelebt haben kann. Die älteste Ausgabe hat die Überschrift Preclarissimus liber elementorum Euclidis perspicacissimi: in artem Geometrie incipit quā foelicissime: und die Unterschrift: Opus elementorū euclidis megarensis in geometriā artē In id quoque Campani perspicacissimi Cōmentationes finiūt. Venetiis 1482. Zu Nürnberg und Florenz, Bandini Catalog. Tom. II. pag. 45, sind nicht Handschriften, sondern diese Ausgabe vorhanden, über welche besonders handelt: Geometriae Euclidis primam quae post inventam typographiam prodiit editionem breviter describit Abraham Gotthelf Kaestner. Lipsiae (1750).

2. Abu Ma'schar Ga'far المدخل Isagoge minor[1]) Japharis Mathematici in Astronomiam par Adelardum Bathoniensem ex Arabico sumpta; Catalog. Mss. Angl. Tom. I. P. I. pag. 80 No. 1669.

3. Zig Ga'far d. i. die astronomischen Tafeln des Ga'far. Der Titel el-Zig und der Name des Verfassers werden bis ins Unkenntliche zusammengezogen in Erichiaferim anstatt el-zig el-ga'farí. Die Handschrift zu Oxford Catalog. Mss. Angl. Tom. I. P. I. pag. 186 No. 4137 führt den Titel: Ezich ElKauresmi, i. e. Tabulae Chawaresmicae per Ethelardum Bathoniensem ex Arabico traductae; hierzu stimmt der Titel der Handschrift zu Paris Bibl. Mazarine No. 1256: Liber ezichiafaris el

---

1) Vermuthlich ein Auszug, wenigstens im Gegensatz zu dem von Johannes Hispaleusis übersetzten Introductorium majus. Vergl. unten §. V. 5.

Kauresmi per Adelardum Bathoniensem ex arabico in latinum sumptus.
Man hat hieraus geschlossen, dass der bekannte Mathematiker Muhammed ben Músá el-Chuarizmí der Verfasser sei und hat ihm den Vornamen Abu Ga'far beigelegt. Nun ist freilich bekannt, dass dieser Muhammed el-Chuarizmí astronomische Tafeln verfasst hat[1]), aber dieser wird nirgends mit dem Vornamen Abu Gä'far bezeichnet und von Abu ist auch in dem obigen entstellten Namen keine Spur. Dagegen schrieb der berühmte Astronom Abu Ma'schar Ga'far ben Muhammed el-Balchí eine Einleitung und astronomische Tafeln, wie Ibn Challikan vit. No. 135 die beiden Titel المدخل والزيج unmittelbar hinter einander setzt[2]), und es liegt die Vermuthung nahe, dass beide oben genannte Schriften diesen Ga'far zum Verfasser haben, wenn man annehmen will, dass in Choarezmi eine Verwechselung der beiden Personen oder ein alter Schreibfehler für Chorásání stattgefunden habe, da Balch, der Geburtsort des Ga'far, in Chorásán liegt.

4. Demselben Ga'far gehört vielleicht ein sogen. Liber imbrium secundum Indos, zu Paris Cod. 7316,16; 7329,6, dessen Übersetzung Jourdain pag. 98 unserm Adelhard beilegen möchte. Allein die davon vorhandene Ausgabe, welche Jourdain und Leclerc nicht kannten, zeigt ein anderes Verhältniss. Die nur vier Blätter enthaltende Schrift findet sich in den Astrorum judices Alkindus, Gaphar, de pluviis imbribus et ventis, ac aeris mutatione. Venetiis 1507, mit der Überschrift: Incipit Liber Gapbar de mutatione temporis und der Unterschrift: Explicit liber imbrium Gaphar. Weil der Verfasser sich auf die Inder bezieht, hat der Herausgeber ihn selbst in der Vorrede zu einem Inder gemacht. Diese ist an einen Gallischen Antistes Michael gerichtet, erwähnt dann aber, dass die Schrift von einem gewissen Tillemus Mercurius abgekürzt sei: *Quia ergo mi domine antistes Michael non solum compendiosa, sed etiam certa et ad unguem correcta te semper optare cognori, hunc de pluviis libellum ab antiquo Indorum astrologo, Gaphar nomine, editum, deinde quoque a Tillemo Mercurio sub brevitatis ordine correctum tuae offero digni-*

---

1) s. Jácút, geographiches Wörterbuch. Bd. 1. S. 16.
2) Vergl. auch Hagi Chalfa, lexic. bibligr. No. 6937 und 11695.

tati, ut quod potissimum sibi deesse moderni deflent astrologi, Galla rum poste-ritati tua benignitas largiatur. Dann beginnt das Werk: *Universa astro-nomiae judicia, prout Indorum asseruit antiquitas, a lunari ducatu potissime manare creduntur.* Im Verlauf nennt der Herausgeber jenen Bearbeiter noch einmal: *Haec itaque omnia quantum ad rationem, non quantum ad ef-fectum operandi occultata Tillemus reservavit Mercurius.* Dasselbe Verhält-niss, nur mit einer kleinen Abweichung in dem Namen, zeigen die Hand-schriften zu Oxford, Catalog. Mss. Angl. Tom. I. P. I. pag. 85 No. 1768; pag. 127 No. 2456,2; No. 2458,30; pag. 300 No. 6561,3 : Japhar Liber imbrium ex Cilenio Mercurio (oder a Cylenio Mercurio abbreviatus), ut ex Praefatione Interpretis liquet, qui hoc opus Michaeli cuidam antistiti Gallo dicat. — In einem nochmaligen Auszuge zu Oxford wird Ga'far zu einem Ägypter gemacht; Coxe, Pars II. Colleg. Corp. Chr. No. 233.16 : De cognitione imbrium, e libro Japhar philosophi et astrologi Aegyptii, aliisque. Incip. Cum multa et varia de nubium congregatione precepta Indorum traxit auctoritas.

§. III. JOANNES OCREATUS.

Die Angabe in dem Catalog. Mss. Angl. Tom. II. pag. 247 No. 8639 : Euclidis Elementa, ex Arab. in Lat. vers. per Joan. Ocreatum, beruht sicher auf einem Irrthum; vielleicht erhielt er ein Exemplar der Über-setzung von seinem Lehrer Adelhard als Geschenk und schrieb seinen Namen hinein, welcher dann für den des Übersetzers gehalten wurde. Er selbst übersandte seinem Lehrer eine von ihm nach den Arabern be-arbeitete mathematische Schrift, zu Paris Cod. 6626,3 N. Ocreati liber de multiplicatione et divisione numerorum, ad Adelardum, Episcopum Ba-thoniensem, Magistrum suum, oder genauer mit dem Anfange: Prologus h. O'creati in helceph ad Adelardum Baiocensem magistrum suum, nach Leclerc, welcher in helceph das Arabische Wort el-hasab „calculus" vermuthet.

§. IV. STEPHANUS.

Im Jahre 1127 Chr. übersetzte ein gewisser Stephanus aus Antiochia das medicinische Werk Liber regius des 'Ali ben 'Abbas ins Lateinische vollständiger und dem Originale sich mehr anschliessend, als es von Constantinus in dem Pantechni geschehen war[1]), namentlich weichen sie im zweiten Theile, von welchem Stephanus die Übersetzung des Constantinus nicht kannte, so von einander ab, dass man kaum an den Überschriften der Capitel verfolgen kann, dass beide dasselbe Werk übersetzten. Wer von beiden das Arabische am besten verstand, wird sich kaum anders als durch eine Vergleichung des Originals ermitteln lassen. Der Arabische Titel كامل الصناعة الطبية oder الملكى ist in der ersten Ausgabe wörtlich wiedergegeben Liber completus artis medicinae qui dicitur regalis dispositio hali filii abbas, discipuli abimeher. Venet. 1492; in der zweiten lautet er Liber totius medicinae necessaria continens quem sapientissimus Haly filius abbas discipulus abimeher moysi filii sejar edidit, regique inscripsit, unde et regalis dispositionis nomen assumpsit, et a Stephano philosophiae discipulo ex arabica lingua in latinam satis ornatam reductus. Lugdini 1523. In der Nachschrift heisst es: Ipsum autem ex arabico in latinum sermonem ornatissime traduxit Stephanus philosophiae discipulus in Antiochia. Anno dominicae passionis M°C°XXVII. Es ist mir ebenso unwahrscheinlich, dass die Lateinische Übersetzung des Constantinus nach Antiochia im Orient verbreitet gewesen, als dass ein dortiger Gelehrter zu jener Zeit aus dem Arabischen ins Lateinische übersetzt habe, und wenn Steinschneider die Vermuthung ausspricht, dass ein Ort des Namens Antiochia in Spanien gelegen haben könne[2]), so möchte ich lieber sowohl Anthiochia, als philosophiae discipulus für falsche Auflösungen von Abkürzungen oder für alte Schreibfehler halten, welche in alle Handschriften übergegangen sind, ohne dass ich wagte, etwas anderes an die Stelle zu setzen, da man anstatt der höchst auffallenden Bezeichnung philosophiae disc. den Namen seines Lehrers erwartet, eben so wie in der Überschrift der Verfasser discipulus Abimeher genannt wird, d. i. Abu Mahir Musá ben Júsuf ben Sajjár, und wie es gerade in dieser Literatur so häufig vorkommt.

1) Vergl. oben S. 12.
2) s. Archiv für patholog. Anatomie hrsg. von Virchow. Bd. 39. S. 333. — Serapeum. 31. Jahrg. 1870. S. 292.

Lateinische Handschriften sind zu Leipzig, Feller pag. 259,31; zu Basel Haenel Col. 660; der zweite Theil zu Paris Cod. 6914; zu Worcester Catalog. Mss. Angl. Tom. II. pag. 17 No. 715.

§. V. JOHANNES HISPANUS

auch Hispaniensis, Yspanensis und dann gewöhnlich Hispalensis genannt, wiewohl er nicht in Sevilla, sondern in Luna lebte und daher auch Lunensis heisst[1]), wird für einen zum Christenthum bekehrten Juden gehalten, welcher vor seinem Übertritt nach seinem Vater den Namen Ibn Dawud (Sohn Davids) führte, woraus Avendehut und ähnliche Entstellungen gemacht sind[2]).

Er übersetzte vorzugsweise astronomische und astrologische Werke der Araber, war aber von philosophischen Studien ausgegangen, und die erste Schrift, welche er in Gemeinschaft mit dem Archidiaconus Dominicus Gundisalvi auf Veranlassung des Erzbischofes von Toledo, Raimundus, übersetzte, war

1. Ibn Sina de anima. Er nennt sich darin noch mit seinem Jüdischen Namen (also vor seiner Bekehrung) Joannes Avendehut Israëlita, und das Verfahren dabei war so, dass er aus dem Arabischen die Übersetzung im Vulgärdialect (Castilisch) vorsagte und Gundisalvi das Vorgesagte Lateinisch aufschrieb. Es setzt dies eine grosse Gewandheit im Arabischen voraus, ebenso wie es erkennen lässt, dass ihm der Lateinische Ausdruck damals noch nicht geläufig war. Das Arabische Original Tractatus de anima, auch Aphorismi genannt, ist noch zu Oxford Cod. 1012,2 und zu Leiden Cod. 1466 vorhanden und aus einer Vergleichung würde sich ermitteln lassen, ob der Druck Avicennae Opus de anima. Papiae per Anton. de Carcheno s. a. mit den Handschriften übereinstimmt, zu Paris Cod. 16603, woraus Jourdain pag. 449 den Eingang mitgetheilt hat, nach dessen Überschrift Gundisalvi als Übersetzer

1) Nach Arabischer Sitte wird bei der Herkunft eines Mannes zuerst das Land, dann die Stadt genannt, desshalb halte ich Hispaniensis Lunensis für das Richtige.
2) Steinschneider, Catalog. libr. Hebr. bibl. Bodl. pag. 1402.

4

aus dem Arabischen erscheint: Liber Avicennae de anima translatus de
arabico in Latinum a Dominico Archidiacono; Cod. 6443,3 hat dagegen
Avicennae tractatus de anima, interprete Joanne Israëlita und zu Laon
Bibl. des Départ. Tome I. pag. 215: Avicennae liber de anima. Archiepiscopo Tholetanae (sedis) R. (Raymundo) reverendissimo Toletane sedis
archiepiscopo et Hispaniarum primati Joh. Hisp. (Johannes Hispanus).
In der Handschrift zu Oxford Coxe Pars I. Colleg. Mert. Cod. 282,11
steht fälschlich Philippus Hispanus, praevia epistola ad Johannem
archiep. Toletanum.

2. Das nächste Werk, welches für die Bestimmung seines Zeit-
alters einen sicheren Anhalt bietet, ist die Astronomie des Muhammed
ben Kathir el-Fargáni[1], zu Oxford Coxe Pars II. Colleg. Corp. Chr.
No. 224,2: Muhammedis Alfragani theoria Planetarum et Stellarum mit
der Unterschrift: Perfectus est liber Alfragani in sciencia astrorum et
radicibus motuum celestium interpretatus a Johanne Hispaniensi atque
Limensi (l. Lunensi) et expletus est XX. die V. mensis lunaris anni
Arabum quingentesimi XXVIII, existente XI. mensis die (l. die mensis)
Marcii CLXX. m; zu Paris Cod. 7377 B, 8 Unterschrift: Interpretatus
in Luna a Joh. — ac expletus est vigesimo die mensis antiqui (l. quinti)
lunaris anni Arabum quingentesimi XXVIII existente XI diei (sic)
mensis martii CLXX. Hier entspricht das Muhammedanische Jahr nicht
dem Christlichen und mit der Zahl 170 oder 1170 (in Spanien) ist keine
Rechnung zu machen; der fünfte Arabische Monat ist aber Gumádá I.
und danach würde der 13. Gumádá I. 528 mit dem 11. März 1134 Chr.
oder der 20. Gumádá mit dem 18. März zusammentreffen, eins von beiden
muss hiernach das Richtige sein. Die Unterschrift eines anderen Pariser
Codex giebt genau ein Jahr später an[2]. Das Werk zerfällt in 30
Abschnitte und Johannes hat das Arabische Wort dafür فصل „sectio“
durch „differentia“ wiedergegeben, was die meisten nachfolgenden Über-

---

1) Vergl. B. Baldi, vite de matematici Arabi, con note di M. Steinschneider. In Bulletino di bibliografia e di storia delle sc. mat. e fisiche. Tomo V. 1872.
pag. 431.

2) Vergl. F. Woepke, in Journal Asiat. 1862. Tome 19. pag. 116.

setzer ebenso gebrauchen; daher der Titel Rudimenta astronomica sive libellus triginta differentiarum, in kürzerer Fassung Differentiae Alfragani oder ohne Titel nach der Überschrift des ersten Capitels de differentia annorum Arabum et Latinorum; zu Cambridge Catalog. Mss. Angl. Tom. I. Pars III. pag. 118 No. 1025,2; pag. 157 No. 1990,4; zu Oxford Coxe Colleg. Corp. Chr. No. 251,4. Übrigens ist diese Übersetzung sehr abgekürzt. Vergl. §. XIII. 21. Catalog. Mss. Angl. Tom. I. Pars I. pag. 114 No 2177,17: Liber Alfragani in quibusdam collectis scientiae astrorum et radicum motus planetarum. Zu Leipzig Feller pag. 328,32 befindet sich Alfragani Astronomia in einem Bande mit dem gleich zu nennenden Liber introductorius des Abu Ma'schar, als dessen Übersetzer Johannes Hisp. genannt ist.

Die zweite oder dritte gedruckte Ausgabe hat den Titel: Brevis ac perutilis compilatio Alfragani astronomorum peritissimi, totum id continens, quod ad rudimenta Astronomica est opportunum. Norimbergae apud Joh. Petreium 1537. 4. Eine andere Ausgabe ist Alfragani astronomorum peritissimi compendium, id omne quod ad Astronomica rudimenta spectat complectens, Joanne Hispalensi interprete. Nunc primum pervetusto exemplari consulto, multis locis castigatius redditum. Parisiis, ex officina Christiani Wecheli 1546. 8. Vgl. §. XIII. 21.

3. Ptolemaei Centiloquium ist das Buch Καρπός, Librorum suorum fructus ad Syrum, كتاب الثمرة hundert astrologische Aphorismen[1]). Das Arabische Original ist im Escurial Cod. 1824,2; mit einem Persischen Commentar (wahrscheinlich des Naçîr ed-Dîn el-Tûsî) zu Oxford, Catalog. Bibl. Bodl. Pars I. Cod. 931; zu Leiden Cod. 1172.

Die Lateinische Übersetzung erscheint gewöhnlich mit dem Commentare des 'Alí, welcher nur in dem Pariser Codex 7480 näher als 'Alí ben Rudhwân bezeichnet wird, indess sind die unter dessen Namen vorkommenden Aphorismi, von welchen ein Fragment sich im Escurial Cod. 888,10 befindet, vermuthlich medicinischen Inhalts, wiewohl er auch das Quadripartitum des Ptolemäus commentirte. Nur in zwei Exem-

---

1) s. Hagi Chalfa Lexic. bibliogr. No. 3848.

plaren kommt der Name des Übersetzers vor, zu Paris Cod. 7316 A,1
Centiloquium Bereni interprete Joanne Hispalensi, wo man freilich Bereni für eine falsche Auflösung der Abkürzung des Namens Ptolemei
halten muss, und Cod. 7307 lautet der Eingang: Dixit Magister Abraa-
mus [? anstatt Johannes] ben Deut, wo also der Verfasser sich noch mit
seinem Jüdischen Namen nannte, so dass man annehmen kann, die Übersetzung sei vor seinem Übertritt gemacht, da die der Zeit nach voran-
gehende obige Anführung der Christlichen Zeitrechnung kein Beweis ist,
dass er sich damals schon bekehrt habe, zumal da „christlich" nicht dabei steht, wie sonst gewöhnlich, denn nach der Unterschrift des Cod.
7316,12 fällt die Übersetzung des Centiloquium in das J. 530 (Chr. 1136):
Perfecta est hujus libri translatio anno Arabum 530. Andere Handschriften haben nur den Titel Centiloquium Ptolemei, cum Haly commentariis, zu Paris Cod. 7198,5. 7282,2. 7306,1, 7348,3. 7437,2. 16024;
zu Oxford Coxe Pars II. Colleg. Corp. Chr. No. 101,2; zu Leipzig
Feller pag. 385,668. Wer Gelegenheit hat, diese Handschriften einzusehen, wird prüfen können, ob diese Zusammenstellung richtig ist,
denn zu Boulogne, Bibl. des Départ. Tome IV. pag. 695 findet sich auch
eine Expositio Abumasar filii Joseph Abrahe scriptoris super librum Tho-
lomei qui liber Fructus arboris intitulatur, mit der wohl nicht recht les-
baren Jahreszahl (520).

4. Eine weitere Zeitbestimmung über seine literarische Thätigkeit
bietet die Unterschrift der gedruckten Epitome totius astrologiae, conscripta a Joanne Hispalensi, Hispano Astrologo celeberrimo, ante annos
quadringentos, ac nunc primum in lucem edita. Cum praefatione Joachimi Helleri. Noribergae 1548. Die letzten Worte sind: Hoc tempore 1142 Annorum Christi, und es folgt eine Tabula viginti octo man-
sionum Lunae, ad annum Christi 1142 completum. Hieraus wird man
wohl mit Grund schliessen können, dass die Übersetzung der weiter zu
nennenden astrologischen Werke voraufgegangen und ihr wesentlicher
Inhalt von Johannes in dieser Epitome zusammengefasst sei; ich finde
indess darin keine Araber, sondern nur allgemein Magistri astrologiae
und namentlich Ptolomaeus, Dorothius und Hermes angeführt.

Abu Ma'schar Ga'far ben Muhammed ben 'Omar el-Balchí d. i. aus der Stadt Balch in Chorâsân, ein berühmter Astronom und Astrolog, dessen Name in Albumasar oder Apomasar Abalachi entstellt ;ist, starb hundert Jahre alt im J. 272 (Chr. 885) in der Stadt Wâsiṭ [1]). Von seinen Schriften hat Johannes mehrere übersetzt.

5. المدخل الى علم احكام النجوم Introductio ad scientiam judiciorum astrorum im Arabischen Original zu Oxford Bibl. Bodl. Pars II. Cod. 272 und 294; zu Leiden Cod. MLI. Die Übersetzung ist in den Handschriften gewöhnlich betitelt: Introductorium majus (im Gegensatz zu der Isagoge minor des Adelard, s. oben) oder Liber introductorius major in magisterio scientiae astrorum, translatus ex Arabico Albumasari in Latinum a Johanne Hispanensi, indess erscheint auch dieses grössere Werk, im Vergleich zu dem Originale, in der Übersetzung nur als ein Auszug; zu Leipzig Feller pag. 328,32; zu Paris Cod. 7314—16; zu Oxford Coxe Pars II. Colleg. Mert. No. 281,9; Colleg. Corp. Chr. No. 95,5; Catalog. Mss. Angl. Tom. I. Pars 1. pag. 87 No. 1795; zu Dublin ibid. Vol. II. Pars 2. pag. 17 No. 154; zu München Cod. 122. 374; zu Arras Bibl. des Départ. Tome IV. pag. 333. — Ausgabe: Introductorium in astronomiam Albumasaris abalachi octo continens libros partiales. Auguste vindelicor. 1489. Es scheint verschiedene Recensionen zu geben; Cod. Merton. beginnt erst mit dem zweiten Buche: Quid sapientes antiqui, wozu Coxe die edit. Venet. 1506 citirt, in der Ausgabe 1489 steht dafür: Inter omnes antiquae auctoritatis viros. Die beiden Handschriften Colleg. Corp. Chr. haben verschiedene Anfänge, No. 95 stimmt mit der Ausg. 1489, nur ist in dieser Apud jannos gedruckt anstatt Apud latinos.

6. كتاب القرانات Liber conjunctionum siderum, im Arabischen Original zu Oxford Bibl. Bodl. Cod. 284. Handschriften der Lateinischen Übersetzung zu Oxford Catal. Mss. Angl. Tom. I. Pars I. pag. 63 No. 1030,14; pag. 87 No. 1811; pag. 317 No. 6724; Pars III. pag. 119 No. 1026,23; Coxe Pars I. Colleg. Mert. No. 281,8, wo editus Alaphaz verlesen ist anstatt editus a Japhar; zu Paris Cod. 7316. 7332. 16204;

1) s. Ibn Challikân vitae illustr. viror. No. 135. Abulpharag. histor. dynast. pag. 179. B. Baldi a. a. O. pag. 437.

zu Arras Bibl. des Départ. Tome IV. pag. 333. — Ausgabe: Albumasar de magnis conjunctionibus, annorum revolutionibus, ac eorum pro-
fectionibus, octo continens tractatus. Auguste vindelicor. 1489. Das
Wort „magnis‟, welches auch in Handschriften steht, scheint falsch bezogen zu sein anstatt Liber conjunctionum major, da es auch ein minor
giebt; beide werden indess von Ibn Abu Oçeibia und Ḥaǵi Chalfa No.
9397 dem Inder Kankah (Kuttakah) zugeschrieben, wahrscheinlich weil
Abu Ma'schar sich auf ihn bezieht[1]). Auch von dieser Schrift scheint
es verschiedene Recensionen zu geben; der Anfang des Cod. Mert., wozu
Coxe die Ausgabe Venet. 1515 citirt, stimmt nicht mit der Ausg. 1489
überein.

7. Flores astrologiae oder Flores de judiciis astrorum ist ein Auszug aus dem vorigen; zu Paris Cod. 7198. 7316 A. 15123. 16204; zu
Oxford Coxe Pars I. Colleg. Mert. No. 259,8; Pars III. Bibl. Canon.
No. 396,2 und sechs andere Exemplare; Black Ashmole No. 360.v,3.
369,vi. 393,I.93; zu Padua Tomasini pag. 109; zu München Cod. 228;
zu Leipzig Feller pag. 330,40. 385,668. Die gedruckte Ausgabe hat,
wie einige Handschriften, den kurzen Titel Albumasa Flores Astrologie.
Venetiis per J. B. Sessa. s. a. — Flores Albumasaris. Auguste vinde-
lic. 1488.

8. Alcabitius oder Alchabitius[2]) d. i. el-Cabîçî. Jâcût,
geogr. Wörterbuch Bd. IV. S. 34, erwähnt zwei Orte des Namens Ca-
bîça, den einen zwei Parasangen westlich von Mosul, den anderen in der

---

1) Vergl. Geschichte der Arabischen Ärzte §. 1.

2). *Nous avons en vain cherché le nom de cet auteur dans nos historiens*, sagt
Leclerc, Tome II. pag. 375. — Der Pariser Codex 7432,6 giebt die Erklärung:
Abdilasis liber quinque differentiarum, qui & Alcabitius id est introductorius appellatur. Scaliger in der ersten Ausgabe von Manilii Astromicon 1590 pag. 94
ging davon aus, dass das Arabische Wort القبيتن sei und als Titel eines Buches
ἐγχειρίδιον bedeute und sagt am Schlusse: *Non enim Alkabitzius est nomen auctoris,
sed libri. Nam Arabes et Hebraei nominibus propriis articulum nunquam praeponunt.
Sic Alfragan, Alcnduzgaz non sunt auctorum, sed librorum nomina!* Die ganze eine
Seite füllende Auseinandersetzung ist in der Ausgabe von 1600 wohlweislich weggelassen.

Nähe von Samarrâ und er lässt es unentschieden, aus welchem von beiden der Astronom Abul-Çakr el-Cabisî stammte. Sein voller Name ist Abul-Çakr[1]) Abd el-'Azîz ben 'Othmân ben 'Alî el-Cabisî. er war auch Dichter und lebte in der Umgebung des Sultans Seif ed-Daula Ibn Hamdân, welcher im J. 356 (Chr. 967) gestorben ist[2]).

Sein Werk صناعة) النجوم oder) علم في المدخل Introductio in Astrologiam, welches er dem genannten Sultan (im Lateinischen Ceiphadala oder Seydule) dedicirte, ist im Arabischen Original zu Oxford Bibl. Bodl. Pars I. Cod. 941,1, und bei Haġi Chalfa Tom. V. pag. 473 fallen die beiden Nummern 11681 und 82 zusammen. Die Lateinische Übersetzung führt in den Handschriften den Titel: Alchabitii Abdilazi liber introductorius ad magisterium judiciorum astrorum interprete Joanne Hispalensi; zu Oxford Coxe Pars I. Colleg. Mert. No. 259,4; Black, Ashmole No. 357,5. 360,iv. 361,21. 369,ii; Catalog. Mss. Angl. Tom. I. Pars 1. pag. 127 No. 2456,1. 2458,16. Tom. II. pag. 192 No. 6149; zu Dublin ibid. Vol. II. Pars 2. pag. 18 No. 185,25; zu Florenz Bandini Tom. II. pag. 5; zu Padua Tomasini pag. 109 u. 110; zu Paris Cod. 7282,3. 7321. 7321A. 7416. 7432,6. 16198; zu Chartres Haenel Col. 137; im Escurial Haenel Col. 935; zu Leipzig Feller pag. 331,44. 385,668; zu München Cod. 83. — Eine Altfranzösische Übersetzung ist zu Oxford Coxe Pars II. Colleg. St. Joh. Bapt. No. 164,4

Gedruckte Ausgaben sind: Alkabitius Astronomie judiciarie principia tractās cū Joannis saxonii cōmētario ordine textus nuperrime distīcto. Additis annotatiōibus et in margine et in textu atque glossa per magistrum Petrū turrellum Astrophilum divion. gymnasii rectorem. — Prologus. Libellus isagogicus abdilazi id est servi gloriosi dei. Qui dicitur alkabitius ad magisterium judiciorum astrorī interpretatus a iohāne hispalensi scriptumque in eundē a iohanne saxonie editum utili serie connexum incipiunt. — Finis. Tractatus alkabitii cū apparatu ioānis saxonii finō sortitus est in inclyta urbe Lugd. Opera M. Guilhelmi Huyon calchographi. Impensis vero honesti viri Bartholomei trot bibliopole. s. a. (kurz nach

---

1) nicht Nasr, wie bei Haġi Chalfa Tom. I. pag. 199.
2) Ibn Challikân vit. illustr. viror. No. 492; S. 82. Z. 8.

1500). Hinter jedem Paragraphen des Textus folgt die Glossa zu demselben, den Commentar des Johannes Saxon. enthaltend. Als Zusatz des Herausgebers ist zu bemerken Fol. LXVI^r Sequitur tabula pro algebuthar id est ascensionum edita per Magistrum petrū turrellum divioneū. rectorem. — In einem älteren Drucke, ohne Titel, auf der Rückseite des ersten Blattes ein Globus, fehlt in der Aufschrift das Wort Prologus und ist Alchabitius und juditiorum gedruckt. Schluss: Finitur scriptum super Alchabitiū ordinatū per Johannē de saxonia in villa parisiēsi anno 1331°. Correctū per artiū et medicine doctorem dominum Bartholomeum de Alten de nusia. Impressum arte ac diligentia Erhardi ratdolt de Augusta Imperante Johanne Mocenico Venetiarū duce. Anno salutifere incarnationis 1485. Venetiis. Der Text ist fortlaufend gedruckt und auf Bogen ee4 beginnt Cōmentum Johannis de saxonia.

Alcabitii ad magisterium judiciorum astrorum Isagoge, Commentario Joannis Saxonii declarata. Parisiis 1521.

Enarratio elementorum astrologiae, in qua praeter Alcabicii, —, expositionem, atque cum Ptolomaei principiis collationem, — de verae artis praeceptorum origine et usu satis disseritur a Valentino Nabod. Coloniae 1560.

9. Es liegt mir noch eine andere Schrift von el-Cabiçi vor in einer Französischen Übersetzung von Oronce Fine, dem Herausgeber der weiterhin zu nennenden Abhandlung des Maschâallah und es steht zu vermuthen, dass sie von Johannes Hisp. ins Lateinische übersetzt war. Vorauf geht ein kleines Werk, in welchem die Berechnung nach dem Meridian von Tübingen erwähnt wird: „*calculées esdites Ephemerides sur le meridiē de la susdite ville de Tubinge en Almagne*". Der Titel ist: *Les Canons & documens tresamples, touchant l'usage & practique des communs Almanachz, que lon nomme Ephemerides. — — Avec un traicté d' Alcabice nouvellement adiousté, touchant les coniunctions des planetes en chacun des 12 signes, & de leurs prognostications & revolutions des années. Le tout fidelement, & treselerement redigé en langage François. Par Oronce Fine. Paris 1557.* — Die besondere Überschrift drückt es noch deutlicher aus, dass die Schrift (aus dem Lateinischen) übersetzt wurde:

S'ensuit un traicte singulier d'Alcabice, nouvellement reduict en François. Der Ausdruck bei Erwähnung einer Sintfluth „*comme du temps de Deucalion*" kommt auf Rechnung des Übersetzers, welcher in einer Nachschrift zu der ersten Abhandlung selbst sagt: *ie n'ay pas enfuiry la lettre de mot à mot, mais tant feulemēt le fens & doctrine en tranfmuant, adioustant & fouftrayant &c.*

10. Costa ben Luca كتاب الفرق بين النفس والروح Differentia inter animam et spiritum, Johannes Hispanensis ex arabico in latinum reverendo (oder Ramirando) Toletano archiepiscopo transtulit. Jourdain pag. 117 verbessert reverendo oder Ramirando in Raimundo, welcher etwa vom J. 1130 bis 1150 Erzbischof von Toledo war, was zu der oben erwähnten Dedication des Liber Avicennae de anima vollkommen passt und durch die Handschr. zu Avranches Bibl. des Départ. Tome IV. pag. 544 seine Bestätigung findet. Der Name Costa (wahrscheinlich zunächst Cōsta d. i. Consta) b. Luca erscheint in den Handschriften als Constabolus, zu Paris Cod. 6296,15. 6319,11. 6322,11. 6323,6. 6325,17. 6567A. 6569,10; zu York Catalog. Mss. Angl. Tom. II. pag. 8 No. 234. Von anderen wurde Cōsta für eine Abkürzung von Constantinus gehalten und so ist die Schrift De anima et spiritus discrimine unter dem Namen des Constantinus Africanus (indess mit dem Zusatze: ut quidam volunt) in dessen Opera, Basileae 1536 pag. 308 aufgenommen.

11. Thâbit ben Curra[1]) Liber de imaginibus translatus a Joanne Hispanensi ex Arabico in Latinum, eine kleine astrologische Abhandlung; zu Paris Cod. 7282,4. 16204; zu Florenz Bandini Tom. II. pag. 85; zu Oxford Catalog. Mss. Angl. Tom. I. Pars 1. pag. 127 No. 2456,9; Tom. II. pag. 246 No. 8531. Black Ashmole No 346,65; zu München Cod. 27.

12. Albucasim tractatulus de astrolabio ex Arabico in Latinum versus per Johannem Hispalensem zu Oxford Coxe Pars I. Colleg. Merton. No. 259,3; zu Paris Cod. 7292,14. Unter den Verfassern, welche über das Astrolabium geschrieben haben, nennt Hagi Chalfa Tom. III. pag. 365 drei mit dem Vornamen Abul-Kàsim, allein wegen des Schlus-

---

1) Vergl. B. Baldi a. a. O. pag. 443.

ses der Abhandlung: Finit liber operis Astrolabii ediciore (editore) Alb-
chacim de Magerith, qui dicitur Al Macherita, kann der hiergemeinte
kein anderer sein als der berühmte Philosoph und Astrolog Abul-Kâsim
Maslama ben Ahmed el-Ma'griţí d. i. aus Madrid [1]). Ein Bruchstück des
Arabischen Originals aus dem obigen Tractat befindet sich im Escurial
Cod. 967,3.

    Maschaallah [2]) d. i. „was Gott will", in Massahala, Messahala
und in anderer Weise entstellt, ist der Name eines Jüdischen Astrologen [3]), welcher unter dem Chalifen el-Mançûr und seinen Nachfolgern
bis el-Mâmûn lebte, also die ganze zweite Hälfte des zweiten Jahrhunderts (Chr. etwa 770—820). Unter dem einzigen Titel, welchen Ha'gi
Chalfa No. 160 von ihm anführt, wird er el-Miçrí, der Ägypter, genannt
und das einzige seiner Werke, von welchem noch Auszüge im Arabischen
Original vorhanden sind, zu Oxford Catalog. Bibl. Bodl. Pars II. Cod.
285,6 Excerpta ex Libro pretiorum (rerum venalium [4]), fehlt in der Liste
seiner Schriften nach el-Kiftí bei Casiri Bibl. Escur. Tom. I. pag. 434,
wird aber in dem Fihrist ed. Flügel Bd. 1. pag. 274 erwähnt.

    Von seinen Werken sind mehrere von Johannes Hispanus übersetzt
und einige derselben unter einen Titel gebracht.

    13.   Epistola in rebus eclipsis lunae et solis, conjunctionibus pla-
netarum ac revolutionibus annorum (Ha'gi Ch. No. 160 احكـم القراٰنٰت والمـٰازجٰات)
breviter elucidata a Joanne Hispalensi zu Paris Cod. 7016 A,2. 7307,4.
7316,19. 7324,4. 7328,8. 7329,4. 16204; zu Oxford Catal. Mss. Angl.
Tom. I. Pars I. pag. 63 No. 1032,12. pag. 81 No. 1698 (Templa lies
Epistola). Tom. II. pag. 192 No. 6150; Coxe Pars III. Bibl. Canon.
Misc. No. 396,6. 517,2 (fülschlich mit dem Namen Alchabitius); zu Basel Haenel Col. 520; zu München Cod. 27. 51. 125. 228.

    14.   Liber Messahalla de receptione (planetarum) interpretatus a

----

    1) Vergl. unten §. XII. Ha'gi Chalfa No. 5871 und 8520.

    2) Vergl. B. Baldi a. a. O. pag. 429.

    3) Man hat die Übersetzung seines Namens Quod Deus voluerit für den Titel
eines Buches gehalten; s. Black Ashmole pag. 301,17.

    4) Messahalae liber de mercibus, zu Oxford Coxe Pars II. Aul. Mar. Magd. No. 2,11.

Joanne Yspalensi ex Arabico in Latinum, zu Oxford Coxe ParssII.I
Bibl. Canon. Misc. No. 396,7; Black Ashmole No. 393,38; zu Paris
Cod. 7316 A,8.

15. Messahallach liber de electionibus interprete Joanne Hispalensi,
zu Paris Cod. 7307,2.

Als gedruckte Ausgaben hiervon sind zu verzeichnen:

16. 17. Messahalae antiquissimi ac laudatissimi inter Arabes Astrologi, Libri tres: nunc primum editi[1]) a Joach. Hellero. Liber primus de Revolutione annorum mundi. Liber Secundus, de Significatione
Planetarum in nativitatibus. Liber tertius, de Receptione. Norimbergae
1549. Zwischen dem ersten und zweiten Buche steht aber auch die auf
dem Titel nicht genannte Epistola Messahalae de rebus eclipsium, et de
conjunctionibus Planetarum, in revolutionibus annorum mundi, breviter
elucidata, mit der Unterschrift: Perfectus est liber Messahalae, translatus à Joanne Hispalensi in Limina (lies in Luna), ex Arabico in Latinum.
Diese Epistola findet sich auch in Jul. Firmici Astronomicωr Lib. VIII.
Basil. 1533, wo aber an die Stelle des Titels die Überschrift des ersten
Capitels gesetzt ist: Messahalach de ratione circuli et stellarum. — An
das zweite Buch schliessen sich drei Seiten de cogitationibus secundum
Messahalam und zwölf Zeilen de interpretationibus secundum Messahalam,
vergl. zu Paris Cod. 15123 u. 16204 de interpretatione cogitationis.

Meseallach et Ptholemeus de electionibus. Venetiis, P. Liechtenstein 1509.

18. Messahallach tractatus de compositione et usu astrolabii zu Pa-
ris Cod. 7298,8 und zehn andere Exemplare, vermuthlich von Johannes
Hisp. übersetzt; gedruckt De compositione astrolabii Messahalath und
Tractatus utilitatis astrolabii in Margarita philosophica a F. Gregorio
Reisch dialogismis primum tradita, deinde ab Orontio Finaeo locuple-
tata. Basileae 1583; der Anfang stimmt überein mit der Handschr. zu
Oxford Coxe Pars III. Bibl. Canon No. 61,1.

19. Unbekannt ist der Verfasser des Libellus de scientiis scientiae
astrorum a Johanne Hispano ex Arabico versus in Latinum, zu Oxford
Coxe Pars III. Bibl. Canon. Misc. 517,11.

---

1) Dem Herausgeber war also die ältere Ausgabe Venet. 1493 unbekannt.

20. Eine Epistola Aristotelis ad Alexandrum de observatione (conservatione) corporis humani a Johanne Hispanensi translata bezeichnet sich als einen Auszug aus dem grösseren Werke „Cyr Alaurar [oder asorar und weiter entstellt dyalicerar] i. e. Secretum secretorum" d. h. Sirr el-asrâr الاسرار سر, welches als eine Übersetzung oder Bearbeitung der Politica des Aristoteles scheinen sollte[1]), und daher führt die Schrift auch den Titel: Aristotelis ad Alexandrum Secreta Secretorum, a Joanne Hispaniensi inventa & ex Arabicis translata & Teophinae Hispaniarum Reginae (in einer Breslauer Handschrift Tharasi Hispanorum regine) dedicata. In der Dedication an die sonst unbekannte Königin sagt Johannes, dass er, wiewohl nicht selbst Arzt, über die Pflege des Körpers gehandelt habe[2]) und desshalb von der Königin aufgefordert sei, eine Abhandlung über Diätetik zu schreiben, da sei er denn auf dieses Werk des Aristoteles gestossen und habe den betreffenden Abschnitt daraus übersetzt.

Handschriften sind zu Florenz Bandini Tom. II. pag. 84; zu Paris Cod. 16170; zu Oxford Catalog. Mss. Angl. Tom. I. Pars 3. pag. 118 No. 1005,5, wo unrichtig e Graeca anstatt ex Arabica steht; Tom. II. pag. 97 No 3794,22; Coxe Pars 1. Colleg. Balliol. No. 146 A,2. No. 285,25°; Pars II. Colleg. Omn. Anim. No. 74,5, wo die Dedication anstatt an die Königin an G (Guido) ep. Hispanens. gerichtet ist, als wäre es die Übersetzung des ganzen Werkes durch Philippus (s. unten); ferner Colleg. Corp. Chr. No. 225,6. No. 233,8; mit Glossen No. 219,6; zu Breslau IV Q 12 und Henschel No. 678 IV Q 24. No. 682 IV Q 53; zu München Cod. 527. 433. — Während die Epistola in den meisten Handschriften nur eins oder zwei Blätter füllt, zeigen andere einen solchen Umfang (14 bis 20 fol.), dass es noch zweifelhaft ist, ob sie nicht die Übersetzung des Philippus enthalten, oder ob auch Johannes später das ganze Werk übersetzt hat.

Beachtenswerth ist noch eine Nachschrift in der Oxforder Hand-

---

1) Vergl. unter §. XV. Philippus Tripolitanus.

2) Wir kennen indess weder ein selbständiges medicinisches Werk, noch die Übersetzung eines solchen von Johannes.

schrift Colleg. Corp. Chr. No. 248, worüber Coxe bemerkt: Sequitur catalogus librorum ab Arabibus scriptorum, quos forsan transtulerat Johannes Hispalensis in Latinum. Es lag die Vermuthung nahe, dass dies ein ähnliches Verzeichniss sei, wie wir es von den Übersetzungen des Gerard Cremonensis besitzen. Auf meinen Wunsch hat durch Vermittlung des Herrn Dr. Neubauer Herr Nettleship die Güte gehabt unter Mitwirkung des Herrn Coxe von dem schwer zu lesenden Stücke mir folgende Abschrift mitzutheilen:

Albumassar de conjunctionibus, titulus: hic est liber in summa de signi-ficationibus individuorum superiorum super accidentia quae efficiuntur in mundo generationis de praesenti eorum respectu ascendentium, inceptionum conjunctionalium et aliorum et corruptionis, et sunt 8 tractatus et 63 differentie. editus a iafar astrologo qui dictus est albumasar[1])*. Tractatus primus qualiter aspicitur ex parte conjunctionum apparitio prophetarum et eorum qui principantur. continet 60 folia. Nunc sequitur de revolutionibus annorum i. de experimentis et continet 15 folia. Sequuntur flores albumasar qui continent 10 folia habet habeo et praecendentum. Sequitur quod non habeo de revolutione summae annorum ex libro albumasar. in revolutione nativitatis exercere. Omne tempus breve est operandi continet 5 folia. sed videtur quod albumasar non fecit ipsum. Sequitur liber aomar filii alfragani de nativitatibus. Dixit aomar ben alfragan tyberiadis Scito quod diffinitiones nativitatum in junctionibus stellarum quattuor. continet 14 folia. Sequitur alboali de nativitatibus et earum significationibus. Dixit albohali Iste est liber in quo exposui omnes significationes super nativitates de scientia judiciorum stellarum et continet 14 folia. Sequitur alkindi de mutatione temporum. Rogatus fui quod manifestarem consilia philosophorum in quibus concordaverunt de impressionibus superioribus et continet 8 folia. Sequitur alius liber de mutatione temporum continens fol. 1. Sapientes indi de pluriis judicant secundum lunam. Sequitur messahalla in radicibus revolutionum. Primum capitulum est de ratione circuli et stellarum et qualiter operantur in hoc mundo. Dixit messahalla quia dominus altissimus fecit terram ad similitudinem spere. continet duo folia. Sequitur mes-*

—

1) Genau ebenso wie Colleg. Merton. No. 281,8 und Codex zu Arras; s. oben.

sahalla de revolutionibus annorum. Custodi te deus et continet 7 folia. Sequitur idem de receptionibus habet 9 folia. Liber introductorius alcabici singulis planetarum figuratur omni hora tali figura.

Alle diese Schriften gehören der Astrologie an und es sind die vorzüglichsten in diesem Fache, es werden die Titel, Anfangsworte und der Umfang angegeben; die meisten sind von Johannes Hisp. übersetzt. Ich finde darin das Verzeichniss des literarischen Apparates, welchen ein Jünger der Astrologie nöthig hatte, mit der Hinweisung, dass die Sammlung des Schreibers noch nicht vollständig war: „habeo et praecedentem. Sequitur quod non habeo". Diese Schriften finden wir nun auch in vielen Handschriften zu einem Bande vereinigt.

§. VI. DOMINICUS GUNDISALVI.

Es werden drei Spanische Gelehrte des Namens Gundisalvi genannt, welche philosophische Schriften aus dem Arabischen ins Lateinische übersetzt haben sollen, der eine ohne Vornamen, der andere Johannes, der dritte Dominicus, es ist aber sicher ein und dieselbe Person, welche am häufigsten Dominicus Gundisalvi genannt und als Archidiaconus von Segovia bei Toledo bezeichnet wird. In dieser Stellung war er bereits, als er mit Johannes Hispanus, der sich damals vor seiner Bekehrung selbst noch Johannes Avendeut Israëlita nannte, gemeinschaftlich die Übersetzung des Ibn Siná de anima unternahm. Gundisalvi mochte zu jener Zeit des Arabischen noch nicht kundig sein, er übertrug nur, was ihm Johannes aus dem Arabischen im Vulgärdialect (Castilisch) vorsagte, ins Lateinische. Er fand aber Gefallen an den philosophischen Studien und um sie fortsetzen zu können, lernte er selbst Arabisch und übersetzte dann mehrere Schriften des Ibn Sina und Anderer aus dem Arabischen ins Lateinische. Unter seinem Namen sind vorhanden:

1. Avicennae Metaphysicorum libri decem interprete Dominico Gondisalvo, Archidiacono Tholet. de arabico in latinum; zu Paris Cod. 6443,1. 16097. Gedruckt: Avicennae Metaphysica sive ejus prima philosophia. Venet. 1493.

2. Avicennae Physicorum libri quinque; zu Paris Cod. 6443,2.

3. Avicennae liber de coelo et mundo, zu Paris Cod. 6443,3. 16082; zu Cambridge Catalog. Mss. Angl. Tom. I. Pars III. pag. 118 No. 1025,15.

4. el-Farabi de divisione philosophiae, zu Oxford Catalog. Mss. Angl. Tom. I. Pars I. pag. 81 No. 1677; pag. 140 No. 2596; pag. 285 No. 6341; Pars II. pag. 50 No. 1553.

5. el-Gazzali liber philosophiae, zu Paris Cod. 6552,7; zu Turin Montfaucon Tom. II. pag. 1393.

§. VII.   PLATON TIBURTINUS.

s. Delle versioni fatte da Platone Tiburtino traduttore del seculo duodecimo. Notizio raccolte da B. Boncompagni. In den Atti dell' accademia Pontificia de' nuovi lincei. Anno IV. 1851. pag. 247; auch besonders abgedruckt.

Platon aus Tivoli gebürtig, lebte in Spanien, lernte dort das Hebräische und Arabische und übersetzte aus beiden Sprachen mathematische und astronomische Werke ins Lateinische, aber sehr mangelhaft. Die Zeit seiner literarischen Thätigkeit ist dadurch genau bekannt, dass vier dieser Übersetzungen die Jahreszahl ihrer Abfassung führen, die eine das J. 510 d. H. (1116 Chr.), zwei andere das J. 530 (1136 Chr.), die vierte das J. 533 (1138 Chr.). — Aus dem Arabischen sind von ihm übersetzt:

1. Muhammed ben Gábir ben Sinán el-Harrání el-Battáni[1]), geb. zu Battân, einem Bezirke von Harrân, wohnte in Racca und war einer der berühmtesten Astronomen; seine Beobachtungen fallen in die Jahre 264—306 d. H. (878—918 Chr.) und er starb auf der Rückkehr von einer Reise nach Bagdad im J. 317 (929) in dem Schlosse el-Hadhar am Flusse el-Tharthár[2]). — Sein von Platon übersetztes Werk mit dessen Vorrede ist unter dem Titel Albategnius de motu stellarum ex observationibus tum propriis tum Ptolemaei omnia cum demonstrationibus

---

1) Die drei letzten Namen sind entstellt in Cinem (oder Tinen, Cenini, Cmeni, Crueni) Acharani Albategni. Die Schreibart El-Batany mit einem t ist unrichtig. — Vergl. B. Baldi a. a. O. pag. 447.

2) Ibn Challikán vitae illustr. virorum. No. 719.

Geometricis et Additionibus Joannis de Regiomonte gedruckt hinter die
Rudimenta astronomica Alfragani. Norimbergae 1537 und einzeln wie-
derholt Mahometis Albatenii de scientia stellarum liber cum aliquot
additionibus Joannis Regiomontani ex bibliotheca Vaticana transcriptus.
Bononiae 1645. Handschriften zu Paris Cod. 7266,2; zu Oxford Coxe
Pars II. Colleg. S. Joh. Bapt. No. 40; Pars III. Bibl. Canon. No. 61,8.

2. Theodosii Sphaerica. Die bekannten Lateinischen Übersetzungen zu Paris Cod. 7399,6; zu Oxford Catalog. Mss. Angl. Tom. I. Pars
1. pag. 86 No. 1779; pag. 173 No. 3623,4; pag. 284 No. 6251 nennen
keinen Übersetzer so dass sie von Gerard von Cremona gemacht sein
könnten. Fabricius Bibl. Gr. ed. Harles Tom. IV. pag. 22 erwähnt
eine Ausgabe „Latina ex arabico interpretatio lucem vidit interprete Platone Tiburtino. Venet. 1518", doch soll sie von dem Griechischen Original so sehr abweichen, dass man sie für ein anderes Werk halten
müsste. Die beiden von Boncompagni beschriebenen Ausgaben der
Sphera von 1518 erwähnen Platon nicht und das Ganze beruht nur auf
der Angabe eines Unbekannten, auf welchen sich Jo. Pena in der Vorrede zu seiner Griechischen Ausgabe Theodosii Sphaericorum libri tres,
Paris 1558, bezieht: „versionem annis ab hinc quadraginta Venetiis excude-
runt, quam a Platone Tiburtino factam fuisse asseverat author libelli De
speculis ustoriis quisque ille sit".

3. Ptolomaei Quadripartitum interprete Platone Tiburtino ist zu
Paris Cod. 7320,2 und vermuthlich in der Ausgabe Quadriparti. Ptolo.
Venetiis 1519, da sowohl in jenem Codex, als in dieser Ausgabe noch
andere, Übersetzungen des Platon enthalten sind. Die bisher nicht bekannte Abfassungszeit erfahren wir aus der Unterschrift des Codex zu Arras,
Bibl. des Départ. Tome IV. pag. 334: Explicit liber IIII Bartholomei
(sic) in judicandi discretione per stellas de futuris in hoc mundo — con-
tingentibus. Et perfecta est ejus translatio de arabico in latinum a Tiburtino
Platone die veneris hora tertia XX die mensis octobris anno Domini
1138, XV die mensis saphar anno Arabum 533 in civitate Barchinona.
Halten wir den Wochentag Freitag fest, so entspricht genauer der 21.
Oct. 1138 dem 14. Çafar 533.

4. el-Mançûr ben Araham ein Jüdischer Astrolog in Spanien, welcher Arabisch schrieb, widmete dem Chalifen el-Ḥakam [1]) eine astrologische Schrift, die in der Übersetzung den Titel führt: Capitula stellarum oblata regi magno Saracenorum Alchacham [Acham ab Almansor astrologo filio Abrahe Judei, a Platone Tiburtino de Arabico in Latinum translata in civitate Bardonia (Barcinonia) anno Arabum 530, oder Almansoris judicia seu propositiones ad Regem Saracenorum. Handschriften zu Paris Cod. 7287,10. 7307,2. 7316,10. 7316 A,4, 7320,1. 7439, 5; zu Oxford Coxe Pars II. Colleg. Mar. Magd. No. 182,8; Pars III. Col. 829. No. 517,21; Catalog. Mss. Angl. Tom. I. Pars II. pag. 51 No. 1568. — Älteste Ausgabe Venetiis 1492. Die folgenden Drucke mit dem Liber quadripartiti Ptholemei, Venet. 1493. Quadriparti. Ptolo. Venet. 1519 und mit Albubather, Venet. 1501 haben in der Unterschrift anno Arabum 1530 anstatt 530 (1136 Chr.). Wiederholter Abdruck in Jul. Firmici Astronomicôr libri VIII. Die 150 oder 164 Capitula sind einzelne Sätze, wesshalb die Schrift nur wenige Blätter füllt.

5. Abu Ali Alghihac, Sutor, Sarcinator. Der erste Beiname, wenn er im Arabischen ﺍﻟﻐﻴﺒﻖ wäre, würde „der lange" bedeuten; es ist mir aber nicht zweifelhaft, dass Abu 'Alí el-Chajjat, ﺍﻟﺨﻴﺎﻁ Sartor, ein Schüler des Maschâallah, gemeint ist, welcher als Verfasser ähnlicher Schriften, wie der hier in Frage kommenden, genannt wird, vergl. Ḥaǵi Chalfa Tom. I. pag. 199,1, wo Ibn Ali in Abu Ali zu verbessern

---

1) Man muss an el-Ḥakam II. denken, den grossen Beförderer der Wissenschaften in Spanien, reg. 350—366 (961—976 Chr.). Mit dieser Ergänzung des Namens fallen die Zweifel, ob man bei anderer Fassung des Titels „ad Almanzorem" oder „Capitula regi Almansori oblata" an el-Mançûr, Chalifen von Bagdad, zu denken habe. Steinschneider verwirft freilich den obigen Titel ganz, erwähnt die Lesart el-Ḥakam kaum und neigt sich in seiner schwer zu verfolgenden Untersuchung besonders aus inneren Gründen zu der Ansicht, dass Jahja ben Abu Mançûr der Verfasser und Abraham Judäus (Savasorda) der Dolmetscher bei der Übersetzung Platons gewesen sei, gesteht aber schliesslich, dass jenes noch immer fraglich, dieses eine plausible Vermuthung sei. Vergl. dessen Abhandlung Abraham Judaeus-Savasorda und Ibn Esra, in der Zeitschr. für Mathem. u. Phys. 12. Jahrg. Leipzig 1867.

F

ist, wie Tom. V. pag. 518. Die Abhandlung, um welche es sich handelt, wird in dem oben bei Johannes Hisp. erwähnten Verzeichnisse aufgeführt und aus den Handschriften-Catalogen sind folgende Zusammenstellungen zu machen. Zu Oxford Th. Smith, Catal. Mss. bibl. Cotton. pag. 158. No. VI,20: Liber Abuali i. Sutoris, in judiciis nativitatum, quem Plato Tiburtinus ex Arabico sumpsit anno Arabum 530. anno Alexandri 1447 [Chr. 1136] in civitate Barkalona. — Black Ashmole No. 369.v,3. Albohali Alghihac de nativitatibus. — Catal. Mss. Angl. (Digby) Tom. 1. Pars I. pag. 80. No. 1658 Excerpta ex libro Abohaly translato per Platonem Tyburtinum; zu Florenz Bandini Tom. II. col. 33 Liber Albohali Sarcinatoris de nativitatibus. Der von Black und Bandini angegebene Anfang ist gleichlautend und diese Schrift befindet sich auf der hiesigen Bibliothek in zwei Auflagen: Albohali Arabis astrologi antiquissimi, ac clarissimi de iudicijs Nativitatum liber unus, antehac non editus. Cum Privilegio D. Joanni Schonero concesso. Impressum Noribergae, in officina Joannis Montani, & Ulrici Neuber, Anno Domini MDXLVI, signirt a-q, mit einer Dedication an Phil. Melanthon, von dessen Schüler Joachim Heller. Der noch andere Schriften enthaltende Codex stammte aus der Bibliothek des Königs Matthias von Ungarn und war dem Herausgeber Heller zum Kauf angeboten. In einer zweiten Auflage Impressus Noribergae 1549 ist die Dedication auf dem Titel erwähnt und anstatt Cum Privilegio — steht Epistola nuncupatoria Joachimi Helleri Leucopetraei, ad charissimum virum D. Philippum Melanthonem [1]).

G., el-Kâsim ben el-Kasit, de nativitatum revolutionibus. In dem Pariser Codex 7439,4 lautet die Unterschrift: Expliciunt revolutiones

---

1) Ein elendes untergeschobenes Machwerk enthält die „Vollkommen *Geomantica*," Der Ander Theil: *Abuhali Ben-Omar* des berühmten *Arabers Astrologia terrestris* oder Irrdische Stern-Kunde, Vor diesem aus dem *Arabischen Mss.* auf Befehl einer hohen *Princessin* in die Italiänische Sprache übersetzt; Nunmehr aber der *Curiosen* teutschen Welt zu Dienst in die teutsche Muttersprache übertragen — — Freystadt 1703. 12.

nativitatum secundum Alkasem translate a Platone Tiburtino de Arabico in Latinum. Über den Verfasser ist nichts weiter bekannt, der zweite Name ist in dem Eingange des Codex achasith geschrieben.

7. Abul-Kàsim Ahmed **I b n e l - C̣ a f f à r**, berühmter Mathematiker und Astronom zu Cordoba ums J. 400 (1010 Chr.); s. Geschichte d. Arab. Ärzte §. 123. — Der Codex Ottobian. Nr. 309 im Vatican enthält Liber Abualcasin in operibus astrolabii a Platone tyburtino translatus ad amicum suum Johannem David. Dieser letztere ist wahrscheinlich kein anderer, als Johannes Hispanus, früher Ibn Dawud genannt.

8. Da kein anderer Platon als Übersetzer aus dem Arabischen bekannt ist, so gehört hierher auch das Werk, welches ganz in den Kreis der Studien unseres Platon passt: Quaestiones geomanticae Alfakini Arabici filii a Platone in Latinum translatae ex antiquo Manuscripto de Anno 1535 nunc primâ vice typis datae, in dem Fasciculus geomanticus, in quo varia variorum opera geomantica continentur. Veronae 1687. Die Jahrszahl 1535 bezieht sich hier ganz deutlich auf die Abschrift des Codex, nicht auf die Zeit des Übersetzers, wie es nach der Angabe in dem Catalog der Münchener Handschriften Codex 11998 translatae a. 1535 scheinen könnte. Unter dem Namen el-Fakini ist nur jener Abu Tàlib el-Fakini bekannt, welcher ums J. 1090 mit dem zum Christenthum bekehrten Samuel in Marocco eine Disputation hatte. Vergl. unten §. Alphonsus Bonihominis.

9. Das von Platon aus dem Hebräischen übersetzte Werk hat in einem Codex zu Dublin. Catalog. Mss. Angl. Vol. II. Pars II. pag. 42. No. 697 den Titel: Savossordae Judaei Liber de Areis, Hebraice scriptus & a Platone Tiburtino in Lat. translatus an. Arabum DC mense Saphar. cum scholiis Baroccii. Derselbe Schreibfehler in der Jahrszahl DC anstatt DX (Juni 1116 Chr.) findet sich auch in anderen Handschriften mit dem Titel Liber Embadorum, während einige die richtige Zahl haben, wie zu Paris Cod. 7224. 11246. Dass der Name Savosorda oder Savasorda aus C̣àhib el-schorṭa الشرطة صاحب d. i. Oberst der Leibwache, entstellt und darunter R. Abraham ben Chijja, welcher diesen Titel führte, zu verstehen sei, ist nachgewiesen von **S t e i n s c h n e i d e r**, Catalog. libr.

6 *

Hebr. bibl. Bodl. Col. 673 u. 2747. — Von demselben R. Abraham ist auch das Hebräisch geschriebene Buch Sphaera mundi, describens figuram terrae dispositionemque orbium coelestium & motus stellarum, autore Rabi Abraham Hispano filio R. Haijae, ed. Seb. Munster, vertit lat. O. Schreckenfuchs. Basileae 1546.

§. VIII. ROBERTUS RETENENSIS.

Er wird in einigen Handschriften Kethenensis, sonst auch Robertus Anglus oder Angligena genannt, weil er in England geboren war und dort seine erste Bildung erhielt, ist aber nicht mit dem hundert Jahre später lebenden Robertus Anglicus zu verwechseln. Nachdem er Frankreich, Italien, Dalmatien, Griechenland und Syrien, wo er Arabisch lernte, durchreist hatte, begab er sich bei seiner Rückkehr nach Spanien und war hier bis zu seinem Tode Archidiaconus zu Pamplona[1]). Auf einer im J. 1141 unternommenen Inspectionsreise durch die ihm untergebenen Klöster in Spanien lernte der Abt Petrus Cluniacensis den Robertus kennen und bewog ihn für eine hohe Geldsumme in Gemeinschaft mit Hermannus Dalmata den Koran aus dem Arabischen ins Lateinische zu übersetzen, und Robertus übersandte seine Arbeit dem Abte im J. 1143[2]). Diese Umstände sind in einem Briefe des Petrus an Bernhard, Abt zu Clairvaux, so deutlich ausgedrückt, dass die Ungewissheit, welche bei einigen darüber herrscht, nur davon gekommen sein kann, dass sie das Werk nicht selbst gesehen und geprüft haben, wesshalb die betreffenden, Stellen hier folgen mögen[3]).

---

1) Cave historia literar. Vol. II. pag. 207.

2) nicht il mourut — en 1143, wie bei Leclerc, Tome II, pag. 381.

3) Das voraufgehende Stück des langen Briefes geben wir unten bei Petrus Toletanus. Es ist auffallend, dass die Stelle über Robertus und Hermannus in der Sammlung der Briefe des Petrus in der Biblioth. Cluniac. ed. Marrier pag. 843 nicht vorkommt und in Folge dessen auch nicht in dem Wiederabdrucke in der Biblioth. max. Patrum, Tom. XXII. pag. 919; sie findet sich aber in der Wiederholung dieses Theiles des Briefes mit einer besonderen Überschrift Biblioth. Clun. pag. 1109 und Biblioth. max. pag. 1030 wahrscheinlich nur aus Bibliander.

Sed et totam impiam sectam, ritamque nefarii hominis, ac legem, quam Alcoran, id est, collectaneum praeceptorum appellavit, sibique ab angelo Gabriele de coelo collatam miserrimis hominibus persuasit, nihilominus ex Arabico ad Latinitatem perduxi interpretantibus scilicet viris utriusque linguae peritis, Roberto Retenensi de Anglia, qui nunc Papilonensis ecclesiae archidiaconus est: Hermanno quoque Dalmata acutissimi et literati ingenii scholastico. Quos in Hispania circa Hiberum [i. e. Ebora] Astrologicae arti studentes inveni, eosque ad haec faciendum, multo precio conduxi.

Die Unterschrift der Koran-Übersetzung lautet:

Illustri gloriosoque (sic) viro Petro Cluniacensi Abbate praecipiente, suus Angligena Robertus Retenensis librum istum transtulit. Anno domini MCXLIII. anno Alexandri MCCCCIII. anno Alhigere DXXXVII. anno Persarum quingentesimo undecimo[1]).

Die Ausgabe hat (mit Weglassung des hier Unwesentlichen) den Titel: Machumetis Saracenorum principis, ejusque successorum vitae, doctrina ac ipse Alcoran, quo velut authentico legum divinarum codice Agareni & Turcae, aliique Christo adversantes populi reguntur. quae ante annos CCCC, vir multis nominibus, Divi quoque Bernardi testimonio, clarissimus D. Petrus Abbas Cluniacensis, per viros eruditos, ad fidei Christianae ac sanctae matris Ecclesiae propugnationem, ex Arabica lingua in Latinam transferri curavit. Iis adjunctae sunt confutationes multorum & quidem probatiss. authorum, Arabum, Graecorum & Latinorum, una cum doctiss. viri Philippi Melanchthonis praemonitione. — Haec omnia in unum volumen redacta sunt, opera et studio Theodori Bibliandri, qui collatis etiam exemplaribus Latinis et Arab. Alcorani textum emendavit, et marginibus apposuit Annotationes. — Anno salutis 1550 (Basileae).

Dass die Übersetzung eine sehr fehlerhafte und darin das Original oft kaum wieder zu erkennen sei, ist schon genugsam von anderen her-

1) Selbst Fr. P. Bayer hat nicht gewusst, dass diese Ausgabe erschienen sei und hat zu Antonii Bibl. Hisp. vetus, Tom. II, pag. 25 aus drei verschiedenen Handschriften-Catalogen von Turin, Oxford und Dresden diese Unterschrift mit geringen Abweichungen neben einander abdrucken lassen.

vorgehoben; ob die Veränderungen, welche Bibliander damit vorgenommen hat, wirklich Verbesserungen sind, würde sich aus einer Vergleichung der ursprünglichen Übersetzung ersehen lassen, von welcher in dem Index des Pariser Catalogs unter Robertus Kethenensis acht Exemplare verzeichnet werden. Andere sind zu Oxford Catalog. Mss. Angl. Tom. I. Pars I. pag. 164 No. 3419; Coxe Pars I. Colleg. Merton. No. 313; Pars II. Colleg. Corp. Chr. No. 184, wo noch die Zeitbestimmung vorkommt: cum esset idem dominus ac venerabilis abbas in Hispaniis constitutus cum glorioso imperatore Adefonso, eo anno quo idem gloriosus imperator Choriam[1]) civitatem cepit et Sarracenos inde fugavit.

Übrigens ist die Übersetzung kein Auszug, kein Compendium, wie gewöhnlich angegeben wird[2]), sondern giebt den Koran auf 180 Seiten in Folio vollständig wieder und hat sogar Zusätze, um eine Erzählung oder Lehre Muhammeds in einem noch ungünstigeren Lichte erscheinen zu lassen; z. B. in der Sura Josephs (XII = XXII) ist ein solcher Zusatz noch besonders hervorgehoben durch Biblianders Randbemerkung: *O foedum et obscoenum prophetam*, wozu in dem mir vorliegenden Exemplare von sehr alter Hand beigeschrieben ist: *Foeditatis istius in Arab. nullum est vestigium*. Einige von den längeren Suren sind in mehrere zertheilt und daher 124 anstatt 114 gezählt.

2. Dass Robertus die astronomischen Tafeln des Muhammed ben Gâbir el-Battâni (Albategni) nach der Bearbeitung des Maslama[3]) ins Lateinische übersetzte, hebt sein Freund Rodolfus Brugensis mit besonderem Nachdruck hervor. Vergl. unten die Vorrede des Rodolfus zu dem Planisph. Ptolemaci.

3. Anstatt Ketenensis kommt in derselben Vorrede sogar Robertus Catanus vor, und wenn man diese beiden Lesarten zusammenhält, so wäre der Übergang in Robertus Castrensis leicht erklärlich. Unter diesem Namen ist nämlich ein alchimistisches Werk eines Griechischen

---

1) Coria, ehedem befestigte Stadt, im nördlichen Theile der Provinz Estremadura.
2) z. B. in Fabricii biblioth. Latina. Florent. 1859. Tom. VI. pag. 407.
3) Vergl. Geschichte der Arab. Ärzte. §. 122,7.

Mönches Muriânis oder Morienus bekannt, welches sein Schüler Châlid ben Jazîd[1], ein Enkel des ersten Omaijaden Chalifen Mu'âwia, gest. im J. 85 (Chr. 704), aus dem Griechischen ins Arabische und daraus Robertus ins Lateinische übersetzt haben soll. Dasselbe ist abgedruckt in Manget, Bibliotheca chemica curiosa. Genevae 1702. Tom. I. pag. 209: Liber de compositione Alchemiae, quem edidit Morienus Romanus[2]), Calid Regi Aegyptiorum, quem Robertus Castrensis de Arabico in Latinum transtulit; schon früher gedruckt: Morieni Romani, quondam eremitae Hierosolymitani, de re metallica, Metallorum transmutatione & occulta summaq. antiquorum medicina Libellus. Parisiis 1564; mit der Unterschrift Explicit Liber Alchymiae de Arabico in Latinum translatus anno 1182. Allein abgesehen davon, dass schon die Geschichte von Morienos und Châlid stark ins Fabelhafte spielt, kommt auch der Name Robertus Castrensis oder ganz ähnlich mehrere Male vor. Der schlagendste Beweis aber, dass nicht unser Robertus gemeint sein kann, möchte der sein, dass dieser sich im J. 1182 wohl nicht mehr als *juvenis* ansehen konnte, indem es in der Praefatio Castrensis heisst: *Sed nos, licet in nobis juvene sit ingenium & latinitas permodica.*

§. IX—X. PETRUS TOLETANUS und PETRUS PICTAVIENSIS.

Der Abt Petrus von Clugny liess während seines Aufenthaltes in Spanien durch Petrus Toletanus und seinen Secretär Petrus eine kurze Streitschrift gegen die Muhammedanischen Lehren aus dem Arabischen ins Lateinische übersetzen und schickte diese Übersetzung mit dem erwähnten Briefe an den Abt Bernard. Die hierauf bezügliche Stelle des Briefes bildet bei Bibliander S. 1 und in der Biblioth. Clun. pag. (843 und) 1109, sowie in der Biblioth. max. Patr. pag. (919 und) 1030 ein eigenes Schriftstück und beginnt unter der besonderen Überschrift

Epistola Domini Petri Abbatis ad Dominum Bernhardum Claraevallis

---

1) s. Ibn Challikani vit. No. 211.
2) Rûmî bedeutet im Arabischen nicht Römisch, sondern Griechisch.

Abbatem, de translatione sua, quam fecit transferri ex Arabico in Latinum, sectam, sive haeresim Saracenorum.

Singulari veneratione colendo, totis charitatis brachiis amplectendo, individuo cordis nostri hospiti, Domino Bernhardo Claraevallis Abbati, frater Petrus humilis Cluniacensis Abbas salutem ad quam suspirat aeternam. Mitto vobis charissime noram translationem nostram, contra pessimam nequam Machumet haeresim disputantem, quae dum nuper in Hispaniis morarer, meo studio de lingua Arabica versa est in Latinam. Feci autem eam transferri a perito utriusque linguae viro magistro Petro Toletano. Sed quia lingua Latina non ei adeo familiaris vel nota erat ut Arabica, dedi ei coadjutorem doctum virum dilectum filium et fratrem Petrum notarium nostrum, reverentiae vestrae, ut extimo, bene cognitum. Qui verba Latina impolite vel confuse plerumque ab eo prolata poliens et ordinans, epistolam, imo libellum multis, ut credo, propter ignotarum rerum notitiam perutilem futurum perfecit.

Jener Petrus Toletanus wird sonst nirgends erwähnt; seines Secretärs Petrus mit dem Beisatze Pictaviensis, welcher ihn auf seiner Reise durch Spanien begleitete, gedenkt der Abt in seinen Briefen mehrmals; er verstand wohl kaum etwas Arabisch, sondern redigirte nur die Lateinische Übersetzung. Die etwas über vier Seiten füllende Streitschrift ist überschrieben:

Incipit quaedam summula brevis contra haereses et sectam diabolicae fraudis Saracenorum sive Ismahelitarum.

Der Ausdruck n o v a translatio nostra kann wohl nicht den Sinn haben, dass vorher schon eine Übersetzung dieses Stückes vorhanden gewesen wäre, sondern den, dass dadurch eine neue Schrift zur Widerlegung des Muhammedanismus bekannt gemacht werde.

§. XI. HERMANNUS DALMATA.

Wie weit sich Hermanns Mitwirkung bei der Übersetzung des Koran erstreckte, entzieht sich unsrer Beurtheilung. In der von Biblianter besorgten Ausgabe schliessen sich an den Koran noch drei von Hermann allein übersetzte Schriften:

1. Incipit doctrina Machumet, quae apud Saracenos magnae authoritatis est, ab eodem Hermanno translata, cum esset peritissimus utriusque linguae, Latinae scilicet atque Arabicae. Seite 189—200. Die Schrift hat die Form eines Dialogs zwischen Muhammed und einem Juden, welcher sich schliesslich für überwunden erklärt und sich zu Muhammeds Lehre bekennt.

2. De generatione Machumet et nutritura ejus. Quod transtulit Hermannus Dalmata Scholasticus subtilis et ingeniosus apud Legionensem Hispaniae civitatem. S. 201—212.

3. Incipit Chronica mendosa et ridiculosa Saracenorum. S. 213—223; ein Abriss bis zum Tode des Hasan ben 'Alí; handschriftlich zu Paris mit den Koran-Übersetzungen Cod. 3390—92. Dass diesen Stücken Arabische Originale zum Grunde lagen, ist nicht zu bezweifeln.

Die Doctrina Machumet war schon einige Jahre vorher im Druck erschienen unter dem Titel Mahometis Abdallae filii theologia dialogo explicata, Hermanno Nellingaunense interprete. Alcorani Epitome, Roberto Ketenense Anglo interprete. Joh. Alberti Widmestadii Icti Notationes falsarum impiarumq. opinionum Mahumetis. (Landishutae) 1543. Die beiden Ausgaben weichen in einzelnen Worten nur soviel von einander ab, dass man daraus sieht, es haben ihnen verschiedene Handschriften zum Grunde gelegen. Der Beiname Nellingaunensis[1], welchen Hermann hier bekommen hat, ist sonst nicht bekannt und beruht auch nur auf einer Notiz in einem Codex, welchen Faustus Sabaeus (Sabeo, Bibliothekar des Papstes Leo X.) besass; in der Handschrift, welche Widmestad abdrucken liess, fehlte jeder Name. — Über die darauf folgende Epitome Alcorani bemerkt er: *Alcoranus — in hanc Epitomen a studioso aliquo Mahometanarum deformitatum contractus est, quam Robertus Keten. ex Arabico transtulit in sermonem Latinum, quo tempore Adelfonsus Imperator Cauriam in Hispania expugnavit.* Als wenn die Epitome in dieser Fassung auch Arabisch vorhanden gewesen wäre, wie er auch in

---

1) Nicht Nellingravnensis wie bei Zenker, Biblioth. or. I, pag. 170, auch nicht Nelligraunensis, wie Leclerc II. pag. 383 aus jenem falsch abgeschrieben hat.

der Vorrede sagt: *Alcorani Epitomen Arabicum in Latinam conversam edere constitui.* Übrigens folgt diese Epitome nicht der Ordnung des Koran, sondern es sind in ihr die Lehren desselben unter gewissen Abschnitten in kurzen Sätzen zusammengestellt und es ist möglich, dass sie als Compendium Alcorani mit der vollständigen Übersetzung des Robert verwechselt wurde, wie auch Widmestad annimmt: Hujus translationis mentionem facit N. Cusanus ipso statim initio suae Cribationis. Unde facile adducor, ut credam hanc Epitomen Alcorani integri existimationem apud plaerosq. hactenus obtinuisse.

Dieser Hermannus Dalmata wird, wahrscheinlich mit Bezug auf Hermannus Contractus hinsichtlich seiner astronomischen Kenntnisse, auch Hermannus secundus genannt, worauf zuerst J o u r d a i n, recherches sur les traduct. lat. d'Aristote, pag. 103 hingewiesen hat, nur sind die Gründe, wesshalb er ihm die Übersetzung des Planispherium Ptolomaei vindiciren will, welche gewöhnlich seinem Schüler Rodolfus Brugensis zugeschrieben wird, nicht stichhaltig. Vergl. Rodolfus.

§. XII. RODOLFUS BRUGENSIS.

Über die Persönlichkeit des Rodolfus, welcher im J. 1144 in Toulouse lebte, ist nichts weiter bekannt, als was er gelegentlich über sich selbst sagt, und um dies richtig verstehen zu können, müssen wir von dem Planisphaerium Ptolemaei ausgehen. Dieses wurde von Abul-Câsim Maslama[1]) ben Ahmed el-Magriti d. i. aus Madrid, einem der berühm-

---

1) nicht Moslima, wie ich in der Geschichte der Aerzte §. 122 geschrieben habe. *La qualification de Meslem (Moslema) est une énigme pour nous.* Leclerc Tome II. pag. 433. Es ist zu bedauern, dass Leclerc seine Quellenwerke nicht genauer benutzt hat und zu verwundern, dass er sein eigenes Buch nicht kennt, da er T. I. pag. 422 über Maslama gehandelt hat. In dem Kitâb el-ḥukamâ kommt über Maslama ein besonderer Artikel vor, welchen schon der so sehr verkannte Casiri Tom. II. pag. 397 mitgetheilt hat; aus Ibn Abu Oçeibia hatte ich das Wesentlichste ausgezogen, wie es sich zum Theil auch bei Pusey, Catalog. Bibl. Bodl. Pars II. pag. 530 findet. Da es auch hier von Nutzen ist, will ich den Artikel aus Ibn Abu Oçeibia vollständig hersetzen.

testen Mathematiker und Astronomen, der zu Cordoba lebte und im
J. 398 (Chr. 1007) gestorben ist, aus dem Griechischen ins Arabische
übersetzt oder was richtiger ist, aus einer schon vorhandenen Arabischen
Übersetzung[1]) in einen Auszug gebracht und mit einigen eingeschobenen
Bemerkungen begleitet. Von dieser Bearbeitung machte Rodolfus eine
Lateinische Übersetzung, welche zuerst in einer Sammlung astronomischer Schriften (Jac. Ziegler, Proclus Diodochus, Berosus, Aratus) gedruckt ist, die den Titel führt: Sphaerae atque astrorum coelestium ratio,
natura & motus: ad totius mundi fabricationis cognitionem fundamenta.
1536. Valderus. (Basileae). Unabhängig hiervon und ohne den Namen
des Übersetzers erschien: Ptolemaei Planisphaerium. Jordani Planisphaerium. Federici Commandini in Ptolemaei planisphaerium Commentarius.
Aldus, Venetiis 1558. Die Einschiebsel des Maslama (hier immer Maslem
genannt: *Addit Maslem* oder *Maslem subjungit*), sind in der zweiten Ausgabe durch kleinere Schrift kenntlich gemacht, die erste hat aber noch

ابو القاسم مسلمة بن احمد المعروف بالمجريطى من اهل قرطبة وكان فى زمن الحكم وقل القاضى
صاعد فى كتاب التعريف بطبقات الامم انه كان امام الرياضيين بالاندلس فى وقته واعلم عن
كان قبله بعلم الافلاك وحركات النجوم وكانت له عناية بارصاد الكواكب وشغف بتفهيم كتب
بطلميوس المعروف بالمجسطى وله كتاب حسن فى تمام علم العدد وهو المعروف عندنا بالمعاملات
وكتاب اختصر فيه تعديل الكواكب من زيج البتانى وعلى بزيج محمد بن موسى الخوارزمى وصرف
تاريخه الفارسى الى التاريخ العربى ويضع اوساط الكواكب فيه لاول تاريخ الهجرة وزاد فيه جوادل
حسنة على انه اتبعد على خطاءه ولم ينبته على مواضع الغلط فيه وقد نبيت على ذلك فى
كتاب المنيف فى اصلاح حركات الكواكب والتعريف بخط الرياضيين وتوفى ابو القاسم مسلمة بن
احمد قبل مبعث الفتنة فى سنة ۳۹۸ وقد انجب تلاميذ عدة اجلاء لم ينجب لهم بالاندلس مثله
ثم اشهرهم ابن السمح وابن الصفار والزهراوى والكرمانى وابن خلدون قلت وللمجريطى مولفات
رايقة ومصنفات فايقة ارى بها على المتقدمين وزاد فيها من التحقيق بانتعبير ثن ذلك كتاب
المقالات العشرة فى حل العلم المعتبرة ﴾

1) Ein solches Exemplar brachte Golius aus dem Orient mit; s. Catalogus
rarorum librorum, quos ex Oriente nuper advexit Jac. Golius. Paris 1630. pag.
11: Coeli descriptio, Claudio Ptolomaeo autore, nunquam nobis visa, ex Graeco
Arabica facta.

7 *

einen grösseren Zusatz des Übersetzers und ausserdem eine Praefatio, beides für unseren Zweck von besonderer Wichtigkeit. Letztere ist überschrieben *Rodulphi Brughensis ad Theodorichum Platonicum in traductionem planisphaerii Claudii Ptolemaei Praefatio*. Diesen Gelehrten redet er darin einmal an: *dignissime praeceptor Theodoriche*, und zum Schluss sagt er: *Tuam ergo virtutem quasi proprium speculum intuentes, ego & unicus atq. illustris Robertus Cataneus, nequiciae licet displicere plurimum possit, perpetuum habemus propositum, cum (ut Tullius meminit) misera sit fortuna, cui nemo invideat His habitis ne diu differamus, ab ipsius ejus verbis tractatus initium statuamus, non alia transferendi lege, quam qua antea ipsum in Arabicam Maslem transtulit. Facta est translatio haec Tholosae Calendis Junii, anno domini MCXLIIII*. Dann folgt die Überschrift Claudii Ptolemaei sphaerae a planetis projectio in planum, incipit. Der erwähnte Zusatz Pag. 234 lautet: *Quem locum a Ptolemaeo minus diligenter perspectum cum Albatene miratur & Alchoarismus, quorum hunc quidem opera nostra Latium habet, illius vero commodissima translatio Roberti mei industria, Latinae orationis thesaurum accumulat. Nos discutiendi verbi rationem in libro nostro de circulis damus.* — Die Handschrift, aus welcher der gedruckte Text genommen ist, legte also die Übersetzung dem Rodolfus bei, in einer anderen zu Paris Cod. 7377 B,5 steht dagegen Planispherium Ptolemaei Hermanni secundi translatio.

Ein anderes Werk des Maslama, welches zum Theil noch Arabisch im Escurial Cod. 967 unter dem Titel de Astrolabii descriptione et usu vorhanden ist, wurde ebenfalls von Rodolfus übersetzt und hat in der Biblioth. Cotton. pag. 104 den Titel: Descriptio cujusdam instrumenti, cujus usus est in metiendis stellarum cursibus, per Rodolfum Brugensem, Hermanni secundi discipulum. Hier wird Rodolfus Autorschaft nicht bestritten und wenn Jourdain die erste Schrift dem Hermann vindiciren will, weil das in der Vorrede über Robert Gesagte besser auf das Verhältniss zwischen diesen beiden, als auf Rodolfus passe, so liegt dafür kein genügender Grund vor, wir folgern vielmehr aus diesen beiden Werken und den unten zu nennenden Tafeln eine besondere Vorliebe des Rodolfus für die Schriften des Maslama und ergänzen den

Titel der Pariser Handschrift Planisph. Ptol., Rodolfi discipuli
Hermanni secundi translatio; ebenso bezeichnet sich Rodolfus in dem
Pariser Cod. 16652. Das Verhältniss der drei Männer haben wir so
aufzufassen, dass Hermannus der ältere war, Robertus sein etwas
jüngerer Mitarbeiter, aber auch jeder für sich thätig, Rodolfus der
jüngste, ein Schüler Hermanns und Theodorichs und mit Robert innig
befreundet.

Aus dem obigen ergiebt sich noch, dass Rodolfus auch eine abge-
kürzte Bearbeitung der astronomischen Tafeln des Muhammed ben
Músá el-Choârezmí, worin Maslama die Persische Zeitrechnung in die
Arabische umgerechnet hatte, übersetzte, vergl. den Arabischen Text;
auch sagt er noch, dass er auch eine selbständige Schrift de Circulis
verfasst habe.

Göttingen,
Druck der Dieterichschen Univ.-Buchdruckerei.
W. Fr. Kästner.

2. Abtheilung.

§. XIII. GERARDUS CREMONENSIS.

Den entschiedensten Einfluss auf die Einführung und Verbreitung der Kenntniss der Arabischen Wissenschaften in Europa hatte G e r a r d u s Cremonensis[1]) geb. im J. 1114 zu Cremona in der Lombardei. Er zeigte von Jugend auf eine grosse Neigung zu philosophischen Studien und hatte sich mit dem Übersetzen der Griechen ins Lateinische beschäftigt. Da er erfuhr, dass die Araber viele Griechische Schriftsteller ins Arabi-

1) In Handschriften ist die erste Silbe zuweilen nur *C* mit einem Strich oder Abkürzungszeichen geschrieben, so dass man *Cre* oder *Car* lesen konnte; G. H a e n e l, Catal. libr. mss. Lipsiae 1830 hat (wohl nicht nach den Handschriften,) an zwölf Stellen Ca r monensis und nur einmal Cre monensis drucken lassen, auch in zwei Ausgaben des Canon des Ibn Sinâ Venet. 1555 und Basil. 1556 liest man Ca r monensis. Diese Lesart hat N i c. A n t o n i u s, Bibl. Hisp. vetus, cur. Fr. Perez. Bayerio Tom. II. pag. 365 zu begründen versucht, um Gerard zu einem Spanier aus Carmona zu machen, und sie ist von F r e i n d, history of Phys., H a l l e r. biblioth. med., F a b r i c i u s, biblioth. lat. med. et inf. aetatis, B a u d i n i Catalog. bibl. Mediceae Tom. II. pag. 8 und Anderen angenommen, aber nach dem Vorgange von A r i s i, Cremona literata Tom. I. pag. 269 und F r a n c. Pipini Chronicon in Muratori rerum Ital. Scriptores Tom. IX. pag. 600 schon von Bayer l. l. und am ausführlichsten von T i r a b o s c h i, storia della letteratura Ital. Vol. III. pag. 549 widerlegt, wozu noch als ein Hauptgrund die unten zu erwähnende Gradbestimmung für Cremona hinzugefügt werden kann.

8

sche übersetzt hätten, die man bis dahin in Italien nicht kannte, namentlich den Almagest des Ptolemäus, so reiste er nach Toledo, lernte hier Arabisch und widmete dann sein ganzes Leben dem Übersetzen Griechischer und Arabischer Werke ins Lateinische, deren Zahl auf 76 angegeben wird[1]. Ausser den 71 Titeln, welche in einem darüber erhaltenen Verzeichnisse angeführt werden, sind noch einige andere Werke bekannt und vorhanden, deren Übersetzung unstreitig von Gerard herrührt, ob aber alle diese aus dem Arabischen oder einige aus dem Griechischen übertragen wurden, ist bis jetzt noch nicht genau untersucht worden, und es ist, glaube ich, einiges Gewicht darauf zu legen, dass unten in der Überschrift des Verzeichnisses seiner Schriften nicht gesagt wird „ex Arabico" transtulit. Gerard kehrte im vorgerückten Alter nach Cremona zurück und starb hier 73 Jahre alt im J. 1187.

Wir wissen von Constantinus Afr. (oben S. 16), dass zu seiner Zeit Plagiatoren ihr Unwesen trieben und er betont es, dass er, um sich gegen sie zu sichern, seinen Schriften seinen Namen vorsetze; nicht so Gerard, welcher aus Bescheidenheit seinen Übersetzungen nur selten seinen Namen beigefügt hat, und wir verdanken die Kenntniss hierüber seinen Freunden. Es findet sich nämlich in mehreren Handschriften des Commentars zu der Tegni ($\tau\epsilon\chi\nu\eta$, ars parva) Galeni von 'Alí ben Rudhwân nach einer kurzen Nachricht über ihn ein Verzeichniss der von ihm übersetzten Werke. Dieses Stück ist zuerst vollständig von Bald. Boncompagni, della vita e delle opere di Gherardo Cremonese, Roma 1851 (dagli Atti dell' accademia Pontificia de' nuovi Lincei Anno IV) bekannt gemacht, nachdem einige Zeit vorher die Hälfte jenes Verzeichnisses (No. 33 bis 68) aus einem Codex zu Laon in dem Catalogue des Mss. des bibliothèques des Départements Tome I. 1849 veröffentlicht war[2]. Auch der Codex zu Oxford Coxe, Pars II. Colleg. Omn. Anim. No. 68,5 enthält hinter der Tegni Galeni diese Nomina librorum, wovon ich eine Abschrift dem Herrn Nettleship zu danken habe und aus eigener

---

1) Ebensoviel als bei Constantinus Africanus S. 11.

2) Zwölf Titel der astronomischen Werke sind in dem Codex zu Oxford Black, Ashmole No. 357,8 verzeichnet.

Einsicht kenne ich sie aus zwei Leipziger Handschriften, welche Herr Oberbibliothekar Prof. Krehl in zuvorkommender Weise mir zugesandt hat. Dadurch bin ich in den Stand gesetzt, den Text der vita nach drei, die Titel nach fünf bis sechs Handschriften festzustellen, und wenn bei jener die Varianten noch einigen Nutzen haben können, so schienen sie bei diesen meistens ganz überflüssig zu sein, da sie auch sonst genau bekannt sind und bei den entstellten Namen diejenige Lesart gewählt wurde, welche den wirklichen am nächsten kommt. Leclerc hat nach einem Pariser Codex von der vita einen Auszug in Französischer Sprache gemacht, die Titel giebt er vollständig[1]).

Magistri Gerardi Cremonensis vita et libri translati.

Sicut lucerna relucens in abscondito non est ponenda nec sub modio sed supra candelabrum locanda: sic nec splendida facta[1]) bonorum velut sub pigra taciturnitate[2]) sepulta sunt reticenda, sed auribus modernorum presentanda, cum virtutis ianuam sequentibus[3]) aperiant[4]) et antiquorum exempla[5]) quasi vite ymaginem oculis presentium[6]) digna commemoratione[7]) insinuent. Ne igitur magister girardus cremonensis sub taciturnitatis tenebris lateat, ne fame gratiam quam meruit amittat[8]), ne per[9]) presumptuosam rapinam libris ab ipso[10]) translatis titulus[11]) infigatur[12]) alienus presertim cum nulli eorum nomen suum inscripsisset, cuncta opera ab eodem translata tam de[13]) dialectica[14]) quam de geometria, tam de[15]) astrologia[16]) quam de philosophia[17]), tam[18]) etiam[19]) de phisica quam de aliis scientiis, in fine hujus tegni[20]) novissime ab eo trans-

---

1) *a* bezeichnet die Pergament Handschrift zu Leipzig Feller pag. 257.28 jetzt No. 1148 aus dem 14. Jahrh. — *b* Feller pag. 256,23 jetzt 1119 eine sehr schöne Pergament Handschrift aus dem 13. Jahrh., kleinste, aber deutliche Perlschrift, manche Randbemerkungen nur mit der Lupe zu lesen; sie enthält Fol. 1—38 Commentum haly super tegni Galieni. — Fol. 39 Magistri Gerardi Cremonensis (vita et) libri translati. — Fol. 40—73 Commentum G. super aphorismos ypocratis ex versione Constantini montis cassianensis monachi. — Fol. 74—98 Commentum Galieni super pronostica ypocratis. — Fol. 98ᵛ—126 Commentum Galieni super regimen acutarum egritudinum. — *c* ist der Abdruck bei Boncompagni aus dem 14. Jahrh.

1) *a* fama   2) *a* tacitur morte   3) fehlt in *b*   4) *a* apereant   5) *a* exemplo   6) *a b* presencium, und so ist in *a b* immer *ci* nach der Aussprache anstatt *ti* geschrieben.   7) *b* cum memoratione   8) *c* admictat   9) fehlt in *b*   10) *a* eo   11) *a* tytulus   12) *b* infingatur   13) fehlt in *b*   14) *a c* dyalectica   15) fehlt in *b*   16) *a* astronomia   17) *a* phisica   18) *a* et tam   19) fehlt in *b*   20) In allen drei verglichenen Handschriften ist diese kurze Lebensbeschreibung und das Verzeichniss der übersetzten Schriften unmittelbar an das Commentum

8 *

lati imitando Galenum in commemoratione suorum librorum in fine ciusdem per socios [21]) *ipsius* [22]) *diligentissime fuerunt connumerata, ut si aliquis intentionum ipsorum amator de eis aliquid optaverit, per hanc inscriptionem cicius inveniat et de eo securior* [23]) *fiat, licet enim fame gloriam sprecerit, licet favorabiles laudes et vanas seculi pompas* [24]) *fugerit, licet nomen suum nubes et inania captando* [25]) *nollet dilatari* [26]), *fructus tamen operum ejus per secula redolens probitatem ipsius enunciat atque declarat. Is etiam cum bonis floreret temporalibus, bonorum tamen affluentia vel absentia ejus animum nec extulit* [27]) *nec depressit, sed viriliter duplicem occursum* [28]) *fortune patiens* [29]) *semper in eodem statu constantie permanebat* [30]). *Carnis desideriis inimicando* [31]) *solis* [32]) *spiritualibus adhaerebat. Cunctis etiam presentibus atque futuris prodesse laborabat non inmemor illius ptolemei: cum fini* [33]) *appropinquas bonum cum augmento operare. Et cum ab* [34]) *ipsius infantie cunabulis in gremiis philosophie educatus esset et ad cuiuslibet partis ipsius* [35]) *notitiam secundum latinorum studium pervenisset, amore tamen almagesti, quem apud latinos minime reperiit, toletum perrexit. Ubi librorum cuiusque facultatis* [36]) *habundantiam in arabico cernens ei latinorum penuric de ipsis quam* [37]) *noverat miserans, amore transferendi linguam edidicit arabicam. Et sic de utroque de scientia videlicet et de* [38]) *ydiomate confisus* [39]), *quemadmodum homelus* [40]) *in epistola sua de proportione et proportionalitate* [41]) *refert: Oportet ut* [42]) *interpres preter excellentiam quam adeptus est ex notitia lingue de qua et in quam* [43]) *transfert, artis quam transfert scientiam habeat, more prudentis qui* [44]) *viridia* [45]) *prata perlustrans coronam de floribus non de omnibus sed de pulcrioribus connectit, scripturam revolvit arabicam. De qua plurium facultatum libros quoscunque valuerit* [46]) *elegantiores latinitati tamquam dilecte heredi planius ac intelligibilius quo ei possibile fuit, usque ad finem vite transmittere non cessavit. Viam autem universe carnis ingressus est anno vite sue* LXXIII *in anno domini nostri Jhesu Christi* MCLXXXVII°.

Haec vero sunt nomina librorum,
quos transtulit magister Girardus Cremonensis in Toleto [1]).

`De dialectica.

1. *Liber analeticorum posteriorum aristotelis tractatus II*; zu Paris

super legni Galieni angefügt.   21) c sotios   22) fehlt in a   23) a certior   24) a ponpas fehlt in b   25) a in inania captanda   26) a b dilari   27) b extollit   28) a cursum 29) a paciens fortunae   30) a permanebis   31) a inmutando   32) a solum   33) a filii 34) fehlt in b   35) a illius   36) a copiam cuiuslibet facilitatis   37) a quos   38) fehlt in bc 39) b confixus   40) fehlt in b   41) a proportionato   42) fehlt in a   43) b de quam nunquam 44) b quia   45) bc virida   46) b valuit quam a voluit. Die fortlaufenden Zahlen sind von mir den Titeln vorgesetzt, um im folgenden darauf verweisen zu können.

1) In dem Pariser Codex 9335 sind 27 Schriften enthalten, von denen nur

Cod. 14700 Aristotelis libri posteriorum, nach Jourdain aus dem Arabischen übersetzt.

2. *Liber commentarii themistii super posteriores analecticos, tractatus I*; zu Paris Cod. 16097.

3. *Liber alfarabii de sillogismo*; hierunter sind die Analytica priora zu verstehen, worüber ausführlich Steinschneider in den Mémoires de l'acad. des sciences de St. Pétersbourg VII. Série. Tome 13. 1869 No. 4 pag. 23; ob eine der vorhandenen Lateinischen Übersetzungen unserm Gerard angehört, ist noch nicht ermittelt.

De geometria.

4. *Liber euclidis tractatus XV.* Die Ausgaben und bis jetzt bekannten Handschriften dieses Werkes enthalten die Übersetzung des Adelard. Vergl. §. II, 1.

5. *Liber theodosii de speris tractatus III.* Ob die vorhandenen gedruckten und ungedruckten Lateinischen Übersetzungen alle dieselben sind und ob sie von Gerard oder von Platon Tiburtinus herrühren, ist noch nicht ermittelt. Vergl. §. VII, 2. Steinschneider in d. Zeitschrift für Mathem. 10. Jahrg. 1865. S. 472; auch für die nächstfolgenden mathematischen Schriften. Wenn die obige Voraussetzung richtig ist, so würde der Pariser Codex 9335 die Übersetzung Gerards enthalten; woher Maurolycus die von ihm herausgegebene genommen habe, hat er nicht gesagt. Vergl. No. 8.

6. *Liber archimedis tractatus I.* ist Liber Arsamithis de mensura circuli, Cod. 9335, oder Liber Ersemidis in quadratum circuli, Cod.

---

zwei den Namen des Übersetzers und zwar Gerard Cremonensis nennen, aber 20 derselben kommen in dem nachfolgenden Verzeichnisse vor, drei andere sind durch etwas veränderte Titel nicht bestimmt kenntlich und eine von denen, wobei Gerards Name genannt wird, steht nicht in dem Verzeichnisse. Man wird daraus den Schluss ziehen dürfen, dass der ganze Band Übersetzungen Gerards enthält, der Sammler sich aber auf die mathematischen und astronomischen Werke beschränkte, denn aus jeder der anderen Abtheilungen ist nur eins, ein medicinisches gar nicht darunter. Wir werden uns an die Ordnung dieses Verzeichnisses halten und die Titel der Reihe nach nummeriren.

11246; zu Oxford Catalog. Mss. Angl. Tom. I. Pars. I. pag. 173 No.
3623,14.

7. *Liber de arcubus similibus tractatus I.* Der Verfasser Abu Ga'-
far Ahmed ben Jusuf ben Ibrahim lebte ums J. 392 (1002 Chr.), das
Arabische Original ist zu Oxford im Cod. 941, vergl. Pusey Addenda
pag. 602; Lateinisch zu Oxford Catalog. Mss. Angl. Tom. I. Pars I.
pag. 173 No. 3623,15; zu Paris Cod. 7377 B,7. 9335. 11247, wo Ab-
mafar statt Abu iafar Ga'far.

8. *Liber milei tractatus III.* Der Name Mileus ist durch falsche
Setzung der diacritischen Punkte in der Arabischen Schrift ؎ anstatt ؎
aus Menalaus entstanden und das Werk daher als Liber Milei de figuris spericis aufgeführt in dem Cod. 9335 und zu Oxford Catalog. Mss.
Angl. Tom. I. Pars I. pag. 86 No. 1779. Eine davon verschiedene Übersetzung ist enthalten in Theodosii Sphaericorum elementorum libri III.
ex traditione Maurolyci. — Menalai Sphaericorum lib. III. ex trad.
ejusdem. Messanae 1558; wieder abgedruckt in Universae geometriae
mixtaeque mathematicae synopsis — studio et opera F. M. Mersenni. Parisiis 1644. Dass man unter „ex traditione" nicht „übersetzt von" zu
verstehen habe, geht aus den Worten der „Praefatio in sphaerica Menelai" hervor: „Hos Menelai libellos cum ego in antiquis ex membrana
codicibus reperissem, conatus sum eos, quoniam corruptissimum erat exemplar, emendare ac restituere, nec non quamplurimis tum necessariis,
tum argutis adaugere propositionibus". Dass aber auch diese Übersetzung aus dem Arabischen geflossen sei, zeigen die Worte derselben Vorrede „quidquid Menelaus de ipsis nadir arcuum demonstravit", wenn
auch in dem Lateinischen Text selbst dann das Wort „nadir" vermieden
und dafür „sinus" gesetzt ist.

9. *Liber thebit de figura alchata tractatus I.* Diese eigene Schrift
des Thabit ben Curra über den Kreisschnitt, verschieden von den Kegel-
schnitten des Apollonius Pergius, welche Thabit ins Arabische übersetzte, womit Casiri No. 967,2 sie verwechselte, indem er de sectionibus
conicis schrieb anstatt el-cattâ' „figura quae nominatur sector, ist Lateinisch zu Paris Cod. 7377 B.

10. *Liber trium fratrum tr. I.* Diese sind die drei Brüder Muhammed, Ahmed und el-Hasan, Söhne des Músá ben Schákir, daher nach ihrem Grossvater Banu Schákir genannt. Die hier gemeinte Schrift ist zu Basel Haenel Col. 519: De geometria liber trium fratrum; zu Paris Cod. 9335: Verba filiorum Moysi filii Sekir, id est Maumeti, Hameti, Hasen.

11. *Liber hameti de proportione et proportionalitate tr. I.* Der Verfasser ist derselbe Ahmed wie bei No. 7; zu Oxford Black, Ashmole No. 357,4; zu Paris Cod. 7377 B.7. 9335.

12. *Liber judei super decimum euclidis tr. I.* Neun Bücher des Euklid und ein Theil des zehnten wurde von Sind ben 'Ali, das zehnte allein von Abu Júsuf el-Rází übersetzt. Fihrist von Flügel. Bd. 1. S. 266. Zu Paris Cod. 7377 A,1 ist Anonymi commentarius in decimum Euclidis librum. — Verschieden hiervon und wahrscheinlich hier gemeint ist die Übersetzung des Abu Othmán Saïd ben Ja'cúb el-Dimaschkí, welcher in den Kreis der Übersetzer zur Zeit des Chalifen el-Mámún gehört und die Topica des Aristoteles, die Theologia des Proclus und des Alexander Aphrodisensis und einige Bücher des Euclides aus dem Griechischen ins Arabische übertrug. Aus letzterem ist das hierher gehörige Liber Saydi Abuothmi in dem Cod. 9335 wieder zu erkennen.

13. *Liber alchoarismi de iebra et almucabala tract. I.* Muhammed ben Músá el-Choarizmí d. i. aus Choarizm gebürtig, lebte zur Zeit des Chalifen el-Mámún (reg. 198—218, Chr. 813—833) und war der erste Araber, welcher über Algebra geschrieben hat. s. Hagi Chalfa ed. Flügel. No. 10012. Gerards Übersetzung zu Paris Cod. 7377 A,2. 9335 Liber Maumeti filii Moysi alchoarismi de algebra et almuchabala hat Guil. Libri, histoire des sciences mathém. Tome I. pag. 253—297 abdrucken lassen. Durch dieses Werk und ein zweites, welches Gerard ebenfalls aus dem Arabischen übersetzte und Boncompagni a. a. O. S. 28—51 herausgegeben hat, wurde zuerst die Algebra in Europa bekannt und durch den Namen des Verfassers die Benennung der Wissenschaft Algorismus in die Mathematik eingeführt. Zu Oxford Catalog. Mss. Angl. Tom. I. Pars I. pag. 80 No. 1662 findet sich Algorismus Magistri Gerardi in integris et minutiis. Das erstgenannte Werk ist The Algebra of Mohammed ben Musa edited and translated by Frederic Rosen. London 1831.

14. *Liber de practica geometrie tr. I.* Derselbe Titel kommt vor zu Paris Cod. 7377 B,6. App. 8680 A,7. 16198.

15. *Liber amaritii super euclidem tr. I.* Der Name ist entstellt aus el-Neirizi (s. unten No. 69), das Original ist zu Leiden Cod. 965, eine Übersetzung von Gerard ist nicht bekannt.

16. *Liber datorum euclidis tr. I* soll nach Leclerc Tome II. pag. 413 zu Paris in dem Codex 8680 enthalten sein; ich finde nur Appendix Codex 8680 A,9 Libellus de gravi et levi, qui Euclidi tribuitur, wovon ein Fragment zu Basel 1537 und öfter gedruckt ist.

17. *Liber Tidei de speculo tr. I.* Ohne Zweifel gehört hierher die kleine Abhandlung des Codex 9335: Sermo de eo quod homo in speculo, etc., quem collegit ex libris antiquorum Tideus filius Theodori Aruegoiu medicus, es ist aber bis jetzt nicht gelungen, über diesen Verfasser etwas zu ermitteln.

18. *Liber alchindi de aspectibus tr. I.* zu Basel Haenel Col. 515; zu Oxford Coxe Pars II. Colleg. Corp. Chr. No. 254,9; daran schliesst sich eine Schrift desselben Verfassers: 10. Liber Jacobi Alchindi de umbris et de diversitate aspectuum, adducentis in hoc rationes geometricas. In dem Cod. 9335 ist der Titel: Liber Jacob Alkindi de causis diversitatum aspectus et dandis demonstrationibus geometricis super eas.

19. *Liber divisionum tr. I.* Dies ist auch der Titel des medicinischen Werkes Nr. 57; da es sich hier um ein mathematisches handelt, so ist vielleicht die Lesart zweier Handschriften Liber demonstracionum vorzuziehen.

20. *Liber carastonis tr. I.* ist zu Paris Cod. 7377 B,3. 7434,6 Liber Carastonis sive tractatus de statera, authore Thebit ben Corath (d. i. Thâbit ben Curra); der Ausdruck statera ist richtig, das Arabische aus dem Persischen entlehnte Wort dafür ist aber farastûn, indem das Orientalische ﺵ f für das Magribinische c gehalten wurde. Nicht so treffend ist der Titel Append. Cod. 8680 A,1 und 10260 Liber Karastoni de ponderibus.

De astrologia.

21. *Liber alfragani continens capitula XXX.* Diese Übersetzung unterscheidet sich von der des Johannes Hispanus (§. V. 2) meistens schon durch den Titel Alfragani liber de aggregationibus scientiae stellarum et de principiis coelestium motuum, zuweilen sind auch die Namen des Fargâní falsch angegeben Ametus fil. Tometi od. fil. Ameti anstatt Muhammed ben Kathîr, zu Florenz Bandini Tom. II. pag. 29; zu Paris sind neun Handschriften. Vergl. Wöpcke im Journ. Asiat. 1862. Tome 19. pag. 117.

Von dieser Übersetzung machte der Jude Jacob ben Anatoli, einer von denen, welche im Auftrage des Kaisers Friedrich II. ums J. 1232 Übersetzungen lieferten, mit Vergleichung des Arabischen Originals eine Hebräische Paraphrase, welche wiederum ins Lateinische übertragen wurde unter dem Titel: Muhammedis Alfragani Arabis chronologica et astronomica elementa, e Palatinae bibliothecae veteribus libris versa, expleta et scholiis expolita. Additus est commentarius — autore **Jacobo Christmanno**. Francofurdi 1590. In der Einleitung heisst es: Ego verò Jacobus filius Antoli transtuli ipsum [Hebraicè] e libro cuiusdam Christiani (d. h. aus einer Lateinischen Übersetzung), eundemque correxi è codice Arabico. Christmann kannte die älteren Ausgaben des Johannes[1], benutzte aber auch, wie er selbst sagt, den oben bezeichneten Florentiner Codex und aus ihm nahm er die Gerards Übersetzung bezeichnende Unterschrift Explicit Alfraganus de aggregatione scientiae stellarum. — Der Mathematiker Johannes Regiomantanus hielt zu Padua Vorlesungen über dieses Buch. — Der Arabische Text mit einer neuen

---

1) Die hiesige Universitäts-Bibliothek besitzt von der Ausgabe Paris 1546 (s. §. V. 2) das Exemplar mit seinem Namen und Sinnspruch Jacobi Christmanni πάντων μέτρον ἄριστον. Um desto auffallender ist es, dass er den Hebräischen Ausdruck, welchen er durch „*ex translatione exemplaris Romani*" wiedergiebt, und womit Jacob ben Anatoli eine Abweichung von seinem Arabischen Texte bezeichnen wollte, auf die Übersetzung des Johannes bezieht, da doch z. B. Caput XXII und Differentia 19 wohl in der Überschrift übereinstimmen und gleichen Inhalt haben, im Ausdruck aber gänzlich verschieden sind.

Lateinischen Übersetzung erschien unter dem Titel Muhammedis fil. Ketiri Ferganensis, qui vulgo Alfraganus dicitur, elementa astronomica, Arabicè et Latinè cum notis — opera Jacobi Golii. Amstelodami 1669. 22. *Liber almagesti tr. XIII.* — Gedruckt ist Almagestü Cl. Ptolemei Pheludiensis Alexandrini Astronomorum principis. Venetiis 1515 ohne Angabe des Übersetzers. Die Titel der Handschriften lassen es nicht zweifelhaft, dass wir darin die Übersetzung Gerards besitzen, welche er, wie die Unterschrift bezeugt, im J. 1175 beendigte; zu Oxford Coxe Pars I. Colleg. Nov. No. 281: Claudii Ptolemaei Pelusiensis liber Almagesti, in distinctiones tredecim distributus, ex Arabico in Latinum versus a magistro Gerardo Cremonensi; ähnlich Pars II. Colleg. Omn. Anim. No. 95; zu Toledo Haenel Col. 996; zu Florenz Bandini Tom III. pag. 311; zu Breslau Henschel Pars I. pag. 38. Die viel besprochene Handschrift zu Nürnberg war nach den von mir veranlassten Nachforschungen dort nicht aufzufinden.

23. *Liber introductorius ptolomei ad artem spericam.*

24. *Liber iebri tr. IX.* Der Verfasser Gábir ben Aflah aus Sevilla (Geber Hispalensis) ein berühmter Astronom, welcher kurze Zeit vor Gerards Ankunft in Spanien lebte, schrieb Elementa Astronomica, wovon das Arabische Original im Escurial Codex 905 erhalten ist. Die Lateinische Übersetzung Gerards ist zu Oxford Black, Ashmole No. 357,16; Coxe Pars II. Colleg. Corp. Chr. No. 233 6 unvollständig; zu Paris Bibl. Mazarine bei Haenel Col. 315,96. Die Ausgabe Gebri filii Aflla Hispalensis de astronomia libri IX. in quibus Ptolemaeum emendavit etc. am Schlusse: Finis novem librorum Gebri, Arabice primo scripti, et per mag. Girardum Cremonensem in latinum versi, ist erschienen mit Instrumentum primi mobilis, a Petro Apiano nunc primum et inventum et in lucem editum. Norimbergae 1534.

25. *Liber messehala de orbe tractatus I.* Über den Verfasser Maschaallah vergl. §. V. Die Schrift ist zu Oxford Black, Ashmole No. 393,4; zu Basel Haenel Col. 520: de natura orbium. Ausgaben Messahalah de scientia motus orbis, mit einem Titelkupfer, Nurnberg 1504. — De elementis et orbibus coelestibus liber antiquus ac eruditus

Messahalae laudatissimi inter Arabes Astrologi — ed. Joach. Hel-
lerus. Noribergae 1549.

: 26. *Liber theodosii de locis habitabilibus tr. I.* Theodosius περὶ
οἰκήσεων ist von Costa ben Luca ins Arabische übersetzt كتاب المساكن zu
Oxford Pars I. Cod. 875,7. 895,11. Pars II. Cod. 295,3; zu Leiden
Cod. 1041; zu London Catalogue of the Library of the Indian Office
by O. Loth. No. 744,2; eine von Nâçir ed - Dîn el - Tûsî revidirte
Ausgabe kann der Übersetzung Gerards nicht zum Grunde liegen, weil
el - Tûsî erst hundert Jahre später lebte als Gerard. Lateinische Übersetzungen sind Catalog. Mss. Angl. Tom. 1. Pars I. pag. 173 No. 3623,5;
Tom. II. Pars II. pag. 19 No. 186,10; zu Paris Cod. 9335 Liber Theodosii de locis in quibus morantur homines.

27. *Liber esculegii tr. I.* Man hat früher den Namen für eine
Entstellung aus Aesculapius gehalten, es ist vielmehr Hypsicles de
ascensionibus signorum coelestium gemeint, von Costa ben Luca übersetzt
und von el-Kindí verbessert فى المطلع zu Oxford Pars I. Cod. 875,12.
895,12; die Lateinische Übersetzung zu Paris Cod. 9335 hat den entstellten Namen Liber Esculei de ascensionibus.

28. *Liber thebit de expositione nominum almagesti tr. I.* Der ent-
sprechende Titel für die Schrift des Thâbit ben Curra „De expositione
vocabulorum Almagesti,“ wie er in dem Index eines Ashmole Codex
für den sonst gebräuchlichen „De iis (hiis) quae indigent expositione an-
tequam legatur Almagestum“ vorkommt, lässt keinen Zweifel, dass hiermit das bezeichnete Werk gemeint sei; zu Oxford Black, Ashmole
No. 1522,13. 1796,25; Coxe Colleg. Univers. No. 41,7; Catalog. Mss.
Angl. Tom. I. Pars I. pag. 109 No. 2083; pag. 127 No. 2458,14; zu
Paris Cod. 7195,15. 7215,9. 7267,8. 7333,6. 9335. 14068. 16211.

29. *Liber thebit de motu accessionis et recessionis tr. I.* zu Oxford
Catalog. Mss. Angl. Tom. I. Pars I. pag. 300 No. 6567; zu Paris Cod. 9335.

30. *Liber autolici de spera mota tr. I.* Das Arabische Original
Autolycus de sphaera mobili nach der Übersetzung des Thâbit ben Curra
ist in mehreren Exemplaren zu Oxford, London, Leiden und Florenz;
Lateinisch zu Paris Cod. 9335.

31. *Liber tabularum iahen cum regulis suis.* Der Name Jahen kommt sonst nicht vor; Leclerc will Jaberi lesen und darunter Gâbir ben Allah verstehen, von dem aber nicht bekannt ist, dass er astronomische Tafeln verfasst habe; er bringt damit die unten erwähnten Tafeln des Zarcali (Azarchel, Arzachel) in Verbindung, welche sicher von Gerard übertragen wurden, findet aber selbst Schwierigkeiten in dieser Annahme; lieber würde ich gleich den Namen Zarcali an die Stelle von Jahen setzen, da es auffallen muss, dass in diesem so vollständigen Verzeichnisse dies bekannte Werk nicht erwähnt sein sollte.

32. *Liber de crepusculis tr. I.* Nach Ibn Abu Oçeibia heisst der Verfasser Abu Ali Muhammed ben el-Hasan Ibn el-Heitham; dagegen Hagi Chalfa nennt ihn Abu Ali el-Hasan ben el-Hasan (oder el-Husein) ben el-Heitham. gest. im J. 430 (Chr. 1038). Aus der ersten Angabe ist die Entstellung des Namens in Alhomadi, aus der zweiten Allacen oder wie er gewöhnlich genannt wird Alhazen fil. Alhayzen entstanden; daher zu Paris Cod. 7310,4 Alhomadii Malfegeir liber de crepusculis, wo malfegeir aus „el-fagr" diluculum entstellt ist. In der Handschrift zu Cambridge Catalog. Mss. Angl. Tom. I. Pars III. pag. 148 No. 1685 wird nur der zweite Theil des Titels angegeben: De ascensionibus nubium. Gedruckt ist Petri Nonii [Pedro Nunnez] Salaciensis de Crespusculis liber. Item Allacen Arabis vetustissimi de causis Crepusculorum Liber unus, a Gerardo Cremonensi jam olim Latinitate donatus, nunc vero omnium primum in lucem editus. Olyssipone 1541. — Alhazen filii Alhazen de crepusculis et nubium ascensionibus liber unus. Gerardo Cremonensi interprete. Hinter Opticae thesaurus Alhazeni. Ejusdem liber de crepusculis & Nubium ascensionibus. Item Vitellonis libri X. a F. Risnero. Basileae 1572. pag. 283—288. Die erste Ausgabe hat eine kurze Nachschrift, worin Gerard sagt, dass er die Schlussworte des Arabischen Originals, in quibus laudat deum modo saracenorum, als unnütz weggelassen habe.

De phylosophyia.
33. *Liber aristotelis de expositione bonitatis pure.*
34. *Liber aristotelis de naturali auditu tractatus VIII.*

35. *Liber aristotelis celi et mundi tr. IIII.*

36. *Liber aristotelis de causis proprietatum et elementorum tractatus primus, tractatum autem secundum non transtulit eo quod non invenit eum in arabico nisi de fine ejus partem.*

37. *Liber aristotelis de generatione et corruptione.*

38. *Liber aristotelis meteororum tractatus III. quartum autem non transtulit eo quod sane invenit eum translatum.*

Über diese Übersetzungen des Aristoteles handelt ausführlich J o u r-d a i n , recherches critiques sur l'age et l'origine des traductions latines d'Aristote.

39. *Tractatus alexandri afrodisii* [1]*)de tempore et* [2]*)alius de sensu et* [3]*)alius de eo quod augmentum et incrementum fiunt in forma et non in yle.* Diese drei Schriften stehen in derselben Reihe in dem Pariser Codex 16602 und sehr wahrscheinlich gehört dazu als vierte die daran geschlossene [4])de intellectu nach der Arabischen Übersetzung des Isḥâk ben Ḥunein, welche auch in Oxford Catalog. Mss. Angl. Tom. I. Pars I. pag. 87 No. 1818 vorkommt. Ebenso finden sich alle vier zusammen zu Cambridge Catalog. Mss. Angl. Tom. I. Pars III. pag. 117 No. 996,4—7. Hierher gehört auch die zweite Schrift de sensu mit Gerards Namen zu Paris Cod. 14385, schwerlich nach dem Commentar des Ibn Roschd, welcher erst ein Zeitgenosse Gerards war; die dritte, erste und vierte Schrift sind in Cod. 6443,19. 20. 25 enthalten.

40. *Distinctio alfarabii super librum aristotelis de naturali auditu.*

41. *Liber alchindi de quinque essentiis,* zu Oxford Catalog. Mss. Angl. Tom. I. Pars I. pag. 87 No. 1818; zu Paris Cod. 9335 Liber de quinque essentiis quem Jacob Alchildus filius Ysaac compilavit ex dictis Aristotelis; Cod. 14700.

42. *Liber alfarabii de scientiis.* Die gedruckte Schrift Alpharabii vetustissimi Aristotelis interpretis Opera omnia, quae latina linguâ conscripta reperiri potuerunt. Studio et opera G u i l. C a m e r a r i i. Parisiis 1638 enthält [1])Opusculum de scientiis; Handschriften zu Oxford Catalog. Mss. Angl. Tom. I. Pars I. pag. 81 No. 1677. Tom. II. Pars I. pag. 36 No. 1476; Pars II. pag. 109 No. X,5; zu Paris Cod. 6298,2. — [1]) Opus-

culum de intellectu et intellecto, auch schon vorher gedruckt; Handschr. zu Oxford Coxe, Colleg. Oriel. No. VII,16; zu Paris Cod. 6443,23. 8802,5. - - Eine Hebräische Übersetzung ist herausgegeben von Mich. Rosenstein, Abû-Nassr Alfarâbii de intellectu intellectisque commentatio. Vratislav. 1858.

43. *Liber iacob alchindi de sompno et visione*, zu Paris Cod. 6443,24. 16613 Liber de sompno et visione quem edidit Jacobus Alchindus, magister vero Gerardus Cremonensis ex arabico in latinum.

De fisica.

Galenus. Mehrere Handschriften enthalten gerade die in diesem Verzeichnisse als von Gerard übersetzt angegebenen Schriften des Galenus zusammen, hin und wieder mit einigen anderen vermehrt, und es liegt die Vermuthung nahe, dass darin wirklich die Übersetzungen Gerards vorliegen. Da von mehreren dieser Schriften die Arabischen Übersetzungen des Hunein noch vorhanden sind, (vergl. Geschichte d. Arab. Ärzte S. 28,) so würde es nicht schwer halten festzustellen, welche Lateinische aus dem Arabischen und welche aus dem Griechischen geflossen sind. Arabischen Ursprungs scheinen ausser einigen Pariser Handschriften z. B. theilweise die zu Oxford zu sein, Coxe Pars I. Colleg. Balliol. No. 231. Colleg. Merton. No. 218 und 219, und die zu Montpellier, Catalogue des bibl. des Départ. Tome I. pag. 290 No. 18, welche aber nicht, wie Haenel Col. 236 angiebt, Galeni Opera ex translatione Gerardi Carmonensis enthält, sondern auch andere Stücke, welche a Burgundico (oder Burgundione) judice (oder cive) Pisano im J. 1185 de greco in latinum übersetzt sind, und nur die letzte Schrift des Codex ist überschrieben: Liber de ingenio sanitatis translatus a magistro Girardo Cremonensi in Toleto de arabico in latinum, und es ist hiermit die in unserem Verzeichnisse nicht erwähnte Therapeutica oder Methodus medendi des Galenus gemeint, wovon Handschriften zu Basel Haenel Col. 659; zu Oxford Coxe Pars I. Colleg. Balliol. Pars. II. Colleg. Omn. Anim. No. 68,6; zu Cambridge Catalog. Mss. Angl. Tom. I. Pars III. pag. 116 No. 966,14; pag. 154 No. 1875,3; zu München Cod. 11.

Lateinische Handschriften der einzelnen Bücher des Galenus sind

in grosser Anzahl vorhanden, jedoch ist nur bei einigen Gerard als Übersetzer aus dem Arabischen genannt; indess will ich, auf die Gefahr hin
fehl zu greifen, auf einige hinweisen mit Anschluss der reichhaltigen älteren Pariser Sammlungen.

44. *Liber Galieni de elementis tr. I.* zu Montpellier l. l.; zu Char-
tres **Haenel** Col. 126; zu Leipzig **Feller** pag. 248,4. pag. 255,22; zu
Breslau **Henschel** Pars I. pag. 25; zu Oxford **Coxe**, Pars II. Colleg.
B. Mar. Magd. No. 175,2.

45. *Expositiones Gal. super librum ypocratis de regimine acutarum
egritudinum tr. III.* zu Oxford **Coxe** Pars II. Colleg. Omn. Anim. No.
68,3; zu Paris Cod. 14390 a mag. Gerardo ex arabico translatus.

46. *Liber de secretis Gal. tr. I.* Die unter den unächten Schriften
des Galenus ohne Namen des Übersetzers abgedruckte Schrift ed. Chartier
Tom. X. pag. 459. ed. Junt. VII. fol. 96 Liber secretorum ad Monteum
ist nach den Handschriften von Gerard aus dem Arabischen übersetzt;
zu Basel **Haenel** Col. 660: Galeni secreta seu medicatio morborum a
M. Gerardo Carmonensi de Arabico in Latinum traducta; daselbst: Ga-
leni secretorum remediorum in morbis expertorum libellus, ab Hynaym
(Hunein) filio Isaaci collectus e libro utilitatis religiosorum; Col. 666:
Galeni secreta de Arabico in Latinum translata a M. Gerardo Carmo-
nensi; zu Sevilla **Haenel** Col. 980; zu Oxford **Coxe** Pars I. Colleg.
Balliol. No. 231,6: Secreta Galeni a mag. Gerardo Cremonensi translata
de Arabico in Latinum cum interpretis praefatione; Catalog. Mss. Angl.
Tom. I. Pars I. pag. 128 No. 2461,2; zu Leipzig **Feller** pag. 249
Galeni Liber secretorum; pag. 254 Liber de secretis medicinae. — Eine
unvollständige Handschrift des Arabischen Originals mit Hebräischen
Buchstaben ist zu München Codd. hebr.

47. *Liber Gal. de complexionibus tr. III.* ist die Schrift περὶ κράσεων
de temperamentis, in den Lateinischen Übersetzungen de complexionibus
genannt, zu Leipzig **Feller** pag. 248,1; zu Chartres **Haenel** Col. 126;
zu Basel **Haenel** Col. 659; zu Breslau **Henschel** P. I. pag. 24. 28.
P. II. No. 144; zu Oxford **Coxe** Pars I. Colleg. Merton. No. 219,2; zu
Paris Cod. 14389.

48. *Liber Gal. de malicia complexionis diverse tr. I.* ist περὶ ἀνωμάλου δυσκρασίας de inaequali intemperie, zu Oxford l. l.; zu Bruges Haenel Col. 754; zu Breslau Henschel P. 1. pag. 24 u. 28. P. II. No. 144.

49. *Liber Gal. de simplici medicina tr. V.* ist nur Lateinisch vorhanden zu Leipzig Feller pag. 249 u. 255; zu Breslau Henschel P. I. pag. 24. P. II. No. 51; zu Paris Cod. 14389 und unter den unächten Schriften des Galenus abgedruckt: De simplicibus medicamentis ed. Chart. Tom. XIII. pag. 984. ed. Junt. VII. fol. 79.

50. *Liber Gal. de creticis diebus tr. III.* Περὶ κρισίμων ἡμερῶν ed. Kühn Tom. IX. pag. 769; Lateinisch zu Breslau Henschel P. I. pag. 25. P. II. No. 25; zu München Cod. 13027; zu Paris Cod. 14389.

51. *Liber Gal. de crisi tr. III.* Περὶ Κρίσεων ed. Kühn Tom. IX. pag. 550. De crisi interprete Gerardo Cremonensi zu Paris Cod. 14389; zu Leipzig Feller pag. 255,21: zu Breslau Henschel P. I. pag. 27. P. II. No. 24; zu Montpellier l. l.

52. *Liber Gal. de expositione libri ypocratis in pronosticatione tr. III.* Die Handschriften unterscheiden nicht immer genau die blossen Prognostica Hippocratis übersetzt durch Constantinus Africanus von den Prognostica cum Galeni commento übersetzt durch Gerard und daraus erklärt sich der Fehler, dass Hippocratis Aphorismi und die Prognostica cum Galeni commento zu Oxford Coxe Pars I. Colleg. Univ. No. 89 beide dem Constantinus, zu Metz Montfaucon Tom. II. pag 1386 beide dem Gerard beigelegt werden; zu Leipzig Feller pag. 256,23; zu Paris Cod. 14390.

53. *Liber veritatis ypocratis tr. I.* zu Arras Catal. des bibl. des Départ. Tome IV. pag. 316 No. 798,3 Liber veritatis Ypocratis editus de istis qui laborant in agone mortis a Galieno ab arabico in latinum translatus. Hier ist das sinnlose Galieno sicher aus der falschen Ergänzung eines blossen G. anstatt Gerardo entstanden; diese Überschrift würde einigermassen zu der mit dem Liber Rasis ad almansorem ect. Venet. 1500 und in der Articella unter dem Titel Capsula eburnea Ipo. abgedruckten kleinen Abhandlung stimmen.

54. *Liber ysaac de elementis tr. III.* zu Paris Cod. 6871A, 12. 7034,2. 14393. 14700; gedruckt in den Omnia Opera Ysaac. Lugduni 1515.

55. *Liber ysaac de descriptione rerum et diffinitionibus earum et de differentia inter descriptionem et diffinitionem tr. I.* mit dem kurzen Titel Liber diffinitionum Ysaac translatus a Gerardo Cremonensi zu Paris Cod. 6443,15. 6871A,11. 7034,1. 14393. 14700; zu Oxford Catalog. Mss. Angl. Tom. I. Pars I. pag. 87 No. 1818; gedruckt in den Opera.

Abu Bekr el-Râzí. Die gedruckte Sammlung Venet. 1500 enthält folgende Schriften: Liber Rasis ad almansorem. — Divisiones. — Liber de juncturarum egritudinibus. — Liber de egritudinibus puerorum. — Aphorismi. — Antidotarium quoddam. — Tractatus de preservatione ab egritudine lapidis. — Introductorium medicine. — Liber de sectionibus et cauteriis et ventosis. — Casus quidam qui ad manus ejus pervenerunt. In ähnlicher Weise finden sich diese Bücher auch in Handschriften vereinigt, in den Verzeichnissen darüber mögen einige der kleineren Abhandlungen, welche nur ein Blatt oder eine Seite füllen, übersehen sein; z. B. zu Paris Cod. 6901—7A; Biblioth. Mazarine, Haenel Col. 314 No. 58; zu Oxford Coxe Pars I. Colleg. Balliol. No. 385,12 —15; Colleg. Merton. No. 228; zu Leipzig Feller pag. 250, s u. 9. zu München Cod. 40. 13114. Nur bei den drei ersten dieser Schriften wird Gerard als Übersetzer genannt, ich zweifle aber nicht, dass auch die anderen vor ihm übersetzt wurden und dass er dann aus allen die Sinonima und die Tabula omnium antidotorum in operibus rasis contentorum zusammenstellte und der Sammlung anfügte, so wie sie in den Handschriften und Drucken angefügt sind. Im Einzeln

56. *Liber albubatri rasis qui dicitur almansorius tr. X.* zu Oxford Coxe Pars III. Bibl. Canon. No. 412,1; zu Worcester Catalog. Mss. Angl. Tom. II. pag. 22 No. 904; pag. 90 No. 3633; pag. 91 No. 3642; zu Basel Haenel Col. 662.

57. *Liber divisionum continens CLIIII^or capitula cum quibusdam confectionibus ejusdem:* zu Paris Cod. 6893.6; zu Cambridge Catalog. Mss. Angl. Tom. I. Pars II. pag. 153 No. 1871; zu München Cod. 41. 759; zu Marburg C. F. Hermann, Catalog. Codd. mss. B r².

58. *Liber abubecri rasi introductorius in medicina parvus:* zu Breslau Henschel P. II. No. 141 Liber primus (l. parvus) introductorii.

Zu den anderen in der obigen Ausgabe enthaltenen Schriften mögen einige Andeutungen genügen. Liber de juncturarum aegritudinibus zu Paris Cod. 6893,3 Experimenta de doloribus juncturarum; zu Basel Haenel Col. 653ᵇ Rhasis practica de doloribus et divisione juncturarum, ex Arabico in Latinum versa a Gerardo Carmonensi; zu München Cod. 12. Liber de aegritudinibus puerorum zu Breslau Henschel P. II. No. 260. 261; zu Paris Cod. 6897,4. 6941,5. 6963,4. 6964,13.

Aphorismi in voller Überschrift Liber Rasis de secretis in medicina qui liber aphorismorum appellatur, zu Paris Cod. 6995,4 sind zu unterscheiden von Aphorismi Rhazis de astrorum judiciis zu Paris Cod. 7440,8; zu Oxford Black, Ashmole No. 357,9.

Antidotarium zu Cambridge Catalog. Mss. Angl. Tom. I. Pars II. pag. 153 No. 1871; zu München Cod. 372.

59. *Pars libri abenguefiti medicinarum simplicium et ciborum.* — Abul-Muṭarrif Abd el-Raḥman Ibn Wâfid, gelehrter Artzt zu Cordoba, gest. im J. 467 (1075); sein Werk ist zu Basel Haenel Col. 663 Albenguefit lib. de medicinis et cibis simplicibus, a Gerardo Carmonensi ex Arabico sermone in Latinum translatus, gedruckt Albengnefit, de virtutibus medicinarum et ciborum mit (Ibn Buṭlân) Tacuini sanitatis Elluchasem Elimithar. Argentor. 1531 und nach einer anderen Handschrift Abhenguefit libellus in quo de simplicium medicinarum virtutibus pertractat, in Mesue. Venet. apud Juntas 1558.

60. *Breviarius serapionis iohannis tr. VII.* Die Ausgabe Practica Jo. Serapionis dicta breviarium. Venet. 1497 hat die Unterschrift Completum est postremum aggregati ex libro medicine edictione Joannis filii Serapionis. Et hunc librum trastulit magister Gerhardus Cremonensis in collecto (d. i. in Toleto) de arabico in latinum. Handschriften zu Basel Haenel Col. 661; zu Oxford Coxe Pars I. Colleg. Merton. No. 229,2; Catalog. Mss. Angl. Tom. I. Pars I. pag. 128 No. 2461; zu Cambridge ibid. Tom. I. Pars II. pag. 115 No. 957; zu Paris Cod. 6893—95; zu Montpellier Bibl. des Départ. Tome I. pag. 304 No. 45. zu Leipzig Feller pag. 348,2; zu Breslau Henschel P. II. No. 240; zu München Cod. 45. 13033.

61. *Liber azaragui de cirurgia tr. III.* Abul-Câsim (Albucasis)
el-Zahrâwí Chirurgia ist der dreissigste (letzte) Abschnitt seines grossen
medicinischen Lehrbuches *el-taçrif* und zuerst gedruckt mit der Cyrurgia
parva Guidonis (de Cauliaco) Venet. 1487 mit der Überschrift Cyrurgia
cum formis instrumentorum, cauteriorum et aliorum ferramentorum secundum Albucasim und der Unterschrift Explicit liber cyrurgie quā trās-
tulit magr̄ Gerardus cremonensis in tolleto de arabico in latinum, qui
liber est tricesima particula libri açaragi, quem composuit Albucasim, wo
açaragi (d. i. el-Zahrâwi) für den Titel des Buches gehalten ist. Handschriften zu München Cod. 161. 355; zu Oxford Catalog. Mss. Angl.
Tom. I. Pars I. pag. 128 No. 2461; pag. 169 No. 3500,10; zu Paris
Cod. 7127; zu Montpellier Bibl. des Départ. Tome I. pag. 319 No. 87
und eine provençalische Übersetzung ibid. pag. 305 No. 95. — Wenn
Henschel, Janus Bd. 2. 1847. S. 133 von Roger von Parma c. 1214
sagt: „Ohnstreitig ist er der erste Abendländer, der den Abul-Casem benutzt und bekannt gemacht hat," so kann dies nur so verstanden werden,
dass er Gerards Übersetzung benutzte, da es nicht bekannt ist, dass er
selbst Arabisch verstanden habe.

62. *Liber iacob alchindi de gradibus tr. I.* Wenn die Annahme
richtig ist, dass die in dem Pariser Codex 9335 enthaltenen Schriften
sämmtlich von Gerard übersetzt sind, so ist darunter auch Liber Jacob
Alkindi phylosophi de gradibus, ebenso zu Gilocester Catalog. Mss. Angl.
Tom. II. pag. 202 No. 6605; zu Leipzig Feller pag. 255,21 mit dem
Zusatze de gradibus medicinarum. Gedruckt ist Jacob Alkindi de gradibus rerum mit Tacuini sanitatis Elluchasem. Argentor. 1531 und aus
einer anderen Handschrift Alchindi de medicinarum compositarum gradibus investigandis libellus in Mesue. Venet. apud Juntas 1558. Es
giebt auch eine Übersetzung von Arnaldus de Villa nova §. XXIX.4.

63. *Canon aviceni tr. V.* — Canonis Avicennae libri quinque, interprete Gerardo Cremonensi zu Paris Cod. 6915—24. 14023. 14391—92.
15458; zu Chartres Haenel Col. 128; zu Montpellier Bibl. des Départ.
Tome. I. pag. 290 No. 15; zu Leipzig Feller pag. 250,6; zu Cambridge
Catalog. Mss. Angl. Tom. I. Pars. III. pag. 116 No. 979; zu München

10 *

Cod. 14. 278. 5353. Ausgaben sind bis zum J. 1500 funfzehn erschienen, ebensoviele nachher. Vergl. Choulant, Bücherkunde f. d. ält.
Medicin. S. 362.

64. *Tegni Galieni cum expositione ali ab rodohan* ist der Commentar
des 'Alí ben Rudhwán zu der τέχνη ἰατρική ars medica des Galenus, in
den Handschriften Haly commentum super Techni (artem parvam) Galeni
zu Oxford s. Coxe Index s. v. Galenus; zu Cambridge Catalog. Mss.
Angl. Tom. I. Pars III. pag. 115 No. 954,4; zu Paris Cod. 6869—71.
15457; zu Autun Bibl. des Départ. Tome I. pag. 28 No. 70; zu Laon
ibid. pag. 217 No. 413. pag. 220 No. 416; zu Montpellier ibid. pag. 356
No. 182; zu Leipzig Feller pag. 256. 258. 279. 348. Gedruckt Haly
Eben Rodan s. Rodoham, Aegyptius. Commentarius in artem parvam
Galeni. Venet. 1496.

    De alchimia.

65. *Liber divinitatis de LXX.* Dies ist der Titel einer Sammlung
von 70 Tractaten des bekannten Alchymisten Gábir (Geber), welche nach
der Überschrift des ersten derselben كتاب اللاهوت Liber divinitatis so be-
nannt ist und unter diesem Titel Gebri Regis Persiae liber Divinitatis zu
Leiden Catalog. bibl. publ. 1716 pag. 360ᵃ vorkommt. Im Fihrist pag.
356,20—30 findet sich eine genaue Beschreibung; danach haben die ersten 40 Ttractate solche Überschriften Liber divinitatis, Liber portae
(oder capituli), Liber triginta verborum, cet., darauf folgen 10 Tractate
über den Stein (der Weisen) الحجر, die nur von 1—10 gezählt sind, dann
10 ebenso über die Pflanzen und 10 über die Steine الاحجار (Minerale).
Die ganze Sammlung heisst nun auch Liber septuaginta oder septuage-
narius de alchymia bei Hagi Chalfa No. 10172 und ist unter dem Titel
Liber de septuaginta libris, translatus a mag. Renaldo (l. Gerardo) Cremonensi in dem Pariser Codex 7156,11 enthalten. Aus dieser Art der
Zählung ist es begreiflich, dass die Anzahl der Tractate des Gábir auf
500 angegeben wird.

66. *Liber de aluminibus et salibus.* Diesem Titel entspricht zu
Paris Cod. 6514,13 Rhazis liber de aluminibus et salibus in arte chymica
necessariis; aus den darin vorkommenden Worten „*apud nos in Yspania*"

folgert Steinschneider[1]) mit Recht, dass der bekannte Mediciner el-Râzî, dem freilich auch alchymistische Werke zugeschrieben werden, der Verfasser nicht sein könne, da dieser nie in Spanien war. Ein längeres Citat Praeparatio salis armoniaci secundum Rasim steht in dem Theatrum chemicum. Vol. III. Argentor. 1659. pag. 179; auch Albertus Magnus citirt ihn.

67. *Liber luminis luminum*, zu Paris Cod. 6514,12 Liber qui dicitur Lumen luminum et perfecti magisterii, editus per Rhasim; Cod. 7156,9 7158,15. Die Schrift ist abgedruckt in Rhenani Harmonia, Decad. I. No. 3 und der Verfasser soll Rases Castrensis sein. Hierzu würde auch gehören zu Oxford Black, Ashmole No. 1416 Liber Luminum Rasis super alkimia, ein Gedicht in Hexametern. Mir scheint, dass Rasis ein erdichteter Name ist, dass jenen beiden Schriften kein Arabisches Original zum Grunde gelegen hat und folglich Gerard nicht der Übersetzer war.

De geomantia.

68. *Liber geomantie de artibus divinantibus*[2]) *qui incipit: estimaverunt indi.* In einer Handschrift zu Oxford, welche lauter Schriften über Geomantie enthält, Black, Ashmole No. 4,8 kommen auch Auszüge aus einer solchen Schrift von Gerardus Crimenensis vor.

69. *Liber alfadhol ·i· est arab de bachi.* Hier finden sich noch unerklärte Lesarten: zu Leipzig ·i· tharab — zu Oxford de brachi — in dem Facsimile bei Boncompagni ist über alfadhol fein übergeschrieben z d harab de bachi — bei Leclerc I de arabachi, wofür er arafati, *de la divination*, lesen möchte, was wenigstens 'irâfat ausgesprochen werden müsste. Hiermit stellen wir die Titel zusammen, welche unzweifelhaft hierher zu ziehen sind: Alfodhol de Meregi in astrologia et judicia bei Enea Piccolomini, intorno alle condizione ed alle vicende della libreria Medicea privata. Firenze 1875. N. 210. — Liber judiciorum et consiliorum philosophi Alfodhol de Merengi, qui fuit Saracenus filius Sedel, cujus

_____

1) s. Virchow's Archiv für pathol. Anatomie. Bd. 36. S. 572.
2) Andere Lesarten divinatoriis und divinatricibus.

pater fuit de Arabia, mater vero de Chaldea; in quo quidem libro continentur CXLIV quaestiones bei Bandini Tom. II. Col. 7. — Aralfo-
dhol de Merengi philosophi Saraceni liber judiciorum et consiliorum, cen-
tum quadraginta quatuor quaestionibus comprehensus, zu Paris Cod. 7323.
Der Name des Verfassers ist unstreitig el-Fadhl zu lesen, auf die angegebene Abstammung ist nichts zu geben, Sedel oder nach dem Pariser
Codex Sedbel ist kein Arabischer Name, ein guter Wahrsager musste
natürlich von Arabisch-Chaldäischer Abkunft sein! Mit Hülfe des Meregi werden wird auf Abul-'Abbás el-Fadhl ben Hâtim el-Neirizí
geführt, welcher im 3. Jahrh. d. H. lebte und mehrere Werke des Eu-
klides nach der Übersetzung des Hunein commentirte, namentlich Almagest, die Elemente und die Phaenomena; vergl. Hagi Chalfa Tom. I.
pag. 382. Tom. V. pag. 113 und 386, wo aber Neirizí النيريزى in Tabrizi
التبريزى und اليزيدى Jazídí verschrieben ist. Neiriz war der Hauptort eines Districtes im Gebiete von Schiráz; s. Jâcût, geogr. Wörterb. Bd.
IV. S. 856. Dass aus Neirizi leicht Meregi, dann Meregi, Merengi werden konnte, ist deutlich.

  70. *Liber de accidentibus alfel oder alphel.* Es kann nicht zweifelhaft sein, dass hier el-fâl الفال Omen gemeint ist, wesshalb die anderen
Lesarten ilfa, alfeb, alfeth nicht in Betracht kommen.

  71. *Liber anohe*[1]). Dies ist unstreitig die von Libri, histoire des
sciences mathém. en Italie. Paris 1838. Tome I. pag. 293—458 herausgegebene Schrift *Liber anoe*, ein astronomischer, landwirthschaftlicher
und christlicher Fest- und Märtyrer-Kalender, als dessen Verfasser im
Anfange *Harib* fil. Zeid episcopus genannt wird, welcher ihn dem Mus-
tançir d. i. el-Hakam II. Chalifen von Cordoba (reg. 350—366 d. H.
oder 961—976 Chr.) dedicirte. Mit demselben Titel كتاب الانواء citirt Ibn
el-Awwâm in seinem Werke über die Landwirthschaft ein Buch des
'Aríb ben Sa'd (oder Sa'íd) an mehreren Stellen, von denen einige mit

---

1) Drei Handschriften haben noch einen undeutlich geschriebenen und unverständlichen Zusatz zu diesem Titel: *a* qui est tamquam sacerdocii in ar' legin', *b* ini[or]
logiñ. die Pariser *in* ar in arlogium, etwa in artem astrologicam.

dem ersten wörtlich übereinstimmen, andere davon abweichen oder ganz darin fehlen. Schon im J. 1866 hatte Dozy hierüber eine eingehende Abhandlung veröffentlicht: Die Cordovaner 'Arîb ibn Sa'd der Secretär und Rabî' ibn Zeid der Bischof, in der Zeitschr. der Deutschen Morgenl. Gesellsch. Bd. 20. S. 595—609, worin nachgewiesen wird, dass der Bischof nicht 'Arîb, sondern Rabî' ben Zeid hiess, der Secretär aber 'Arîb (Hebräisch geschrieben Harib) ben Sa'd (nicht Sa'îd) und dass sie Zeitgenossen waren. Mehrere Jahre nachher entdeckte Dozy auch ein Arabisches Original mit Hebräischen Buchstaben geschrieben in einem Pariser Codex und hat dasselbe mit Wiederabdruck der Lateinischen Übersetzung herausgegeben: Le Calendrier de Cordoue de l'année 961 texte Arabe et ancienne traduction Latine publ. par R. Dozy. Leyde 1873. Hier ist der Verfasser Abul-Ḥasan 'Arîb ben Sa'îd der Secretär genannt, wofür Sa'd gelesen werden muss. Allein der Arabische Text stimmt weder zu der Lateinischen Übersetzung, noch zu den Citaten bei Ibn el-Awwâm genau, und es liegt die Vermuthung nahe, dass Gerard zu dem *Liber Anoe* die Schriften von beiden Verfassern in einander verarbeitete, aber schliesslich die Namen verwechselte.

Am Schlusse des Verzeichnisses wiederholt der Verfasser desselben die Titel der Werke der drei grössten Mediciner, um daran ein Lobgedicht auf Gerard in Hexametern anzuschliessen:

Rasis abubeeri fecit alhangui (d. i. el-hâuî) et almansorium et divisiones.

Abulcasin fecit azaugui (d. i. el-Zahrâui) et ejus cirurgiam cujus cirurgiam transtulit magister Girardus.

Aviceni aboali fecit canonem.

Girardus nostri fons lux et gloria cleri,
Auctor consilii spes et solamen egeni.
Voto carnali fuit hostis spiritualis [1]),
Applaudens hominis splendor fuit interioris.
Facta viri vitam studio florente perhennant,
Vincentem [2]) famam [3]) libri quos transtulit ornant.
Hunc sine consimili genuisse cremona superbit.
Toleti [4]) vixit, toletum [5]) reddidit astris.

---

1) *ac* spirituali   2) *u* vincentem   3) *b* formam   4) *c* Tolecti   5) *a* toledum *c* tolectum.

Diese Verse waren nach der Vaticanischen Handschrift der Tegni
Galeni schon in dem Giornale de' letterati d'Italia 1817 T. XV. pag. 209
abgedruckt, aber im ersten Verse statt *gloria* fälschlich *regula* und im
vorletzten statt *consimili* fälschlich *consilio* gelesen.

Zu diesem Verzeichnisse kommen noch einige Werke, welche nach
den unzweifelhaften Zeugnissen der Handschriften von Gerard aus dem
Arabischen übersetzt sind.

Ibn Sînâ zu Basel Haenel Col. 658 Avicennae opera medica
ex Arabica in Latinam linguam conversa a M. Gerardo Carmonensi aus
dem Jahre 1149; und Col. 659 Gerardi Carmonensis translatio operum
Avicennae. Man wird hierunter etwas mehr als nur den Canon des
Ibn Sînâ zu verstehen haben und höchst auffallend wird hiervon auch
eine Castilische Übersetzung angeführt, zu Toledo Haenel Col. 994
*Avicenna obras médicas, trad. del Arabe en Castellano por Gerardo Carmo-
nense en Toledo.* — Ferner zu Basel Haenel Col. 658 Avicennae lib.
VI. naturalium a Gerardo Carmonensi ex Arabico in Latinum transla-
tus; zu Paris Cod. 6932. — Zu Oxford Coxe Pars I. Colleg. Merton.
No. 228,2 Avicennae liber experimentorum interprete Gerardo Cremonensi?

Als Übersetzung eines ungenannten Arabers enthält Catalog. Mss.
Angl. Tom. I. Pars I. pag. 79 No. 1648 Gerhardus Cremonensis de compositione sphaerae mit vollem Titel Liber omnium spherarum celi et
compositionis tabularum astrologie translatus a mag. G. Cremonensi de
arabico in latinum in toleto.

Arzachel oder Azarchel d. i. el-Zarcalí, aus der Familie
der Zarcala zu Cordoba, mit Namen Abu Ishâk Ibrâhîm ben Jahjá el-
Naccâsch d. i. der Maler, lebte in der zweiten Hälfte des 5. Jahrh. d.
H. (c. 1080 Chr.) zu Toledo und war der berühmteste Astronom seiner
Zeit und Erfinder eines astronomischen Instrumentes, welches nach ihm
Zarcali genannt wurde. Er verfasste *Tabulae astronomicae* mit ausführ-
lichen Erläuterungen, von denen das Arabische Original im Escurial
Codex 957 vorhanden ist und hiervon giebt es eine Lateinische Überse-
tzung mit Gerards Namen zu Oxford Coxe Pars II. Aula B. Mar. Magd.
No. I,9 Canones Arzachelis in tabulas Toletanas a M. Gerardo Cremo-

nensi ordinati; Schluss: Expliciunt Canones sive regulae in tabulas
Toletanas; compilatae a mag. Gerardo Cremonsensi; — Pars III.
Bibl. Canon. No. 556 Canones Arzachelis in tabulas Tholetanas mit
gleichem Anfange wie im vorigen. Zu jener Unterschrift würde stimmen zu Paris Cod. 16202 Arzachel, regule ad tabulas. In wieweit
ähnliche Schriften desselben Verfassers, bei denen Gerards Namen
nicht genannt wird, damit in Verbindung stehen, ist noch nicht genau
ermittelt; wir machen davon folgende Zusammenstellung nach dem Pariser
Cataloge:

Cod. 7336,15 Azarchelis canones super tabulas Toletanas, accedunt
tabulae Toletanae. — Cod. 7421,8 Azarchelis canones super tabulas as-
tronomiae constitutas ad meridiem civitatis Toleti. — Cod. 7281,2 Lec-
tiones tabularum Toletanarum secundum Arzachelem, Hispanum und 3
Canones tabularum astronomicarum Arzachelis. — Cod. 16658 Doctrina
tabularum secundum Arzerchel hyspanum, qui dictus est Albaitegni, ein
arger Missgriff. — Verg. Catalog. Mss. Angl. Tom. I. Pars I. pag. 85
No. 1769; pag. 166 No. 3466; pag. 301 No. 6568. Pars II. pag. 22 No.
726. — Verschieden davon sind die Canones de motibus coelestium
corporum, zu Oxford Catalog. Mss. Angl. Tom. I. Pars I. pag. 122 No.
2354,1; zu Paris Cod. 7406.

Der Tractatus Euclidis (oder Ptolemaei, de speculis in dem Sammel-
bande zu Paris Cod. 9335 und in Cod. 10260 ist noch nicht näher untersucht. — In demselben Bande und Appendix Cod. 8680 A.12 findet
sich Excerptum ex Apollonio Pergaeo de pyramidibus rotundis sive
conis. — Endlich in diesem Bande und Cod. 7266,3 u. 7377 A,3 Liber
in quo terrarum corporumque continentur mensurationes Abhabuchri (Abu-
chri) qui dicebatur Heus, translatus a mag. Girardo Cremonensi in Toleto
de arabico in latinum abbreviatus. In dem Namen ist Abu Bekr leicht
zu erkennen, Heus ist noch nicht erklärt und ob der Arzt Abu Bekr
el-Râzí gemeint sei, ist noch nicht ausgemacht, da unter den mathematischen Schriften, welche ihm zugeschrieben werden, sich keine findet, zu
welcher jener Titel passte.

Als selbständige Werke Gerards sind noch zu erwähnen:

11

Glossulae super viaticum Isaaci filii Salomonis Israëlitae, zu München Cod. 852 und 921; zu Paris Cod. 6888 und 89. 6891 und 92.

Glossulae super diaetas universales Isaaci Israëlitae, zu Paris Cod. 6959.

Summa de modo medendi et ordine curandi, zu Leipzig Feller pag. 261,37; zu Paris Cod. 6897,2. 7105,1; zu Basel Haenel Col. 659. 660; zu Cambridge Catalog. Mss. Angl. Tom. I. Pars III. pag. 116 No. 966,14; pag. 154 No. 1875; mit vollem Titel Summa de modo medendi et ordine unde corpus sit purgandum et quomodo oder kurz Summa de laxativis zu Cambridge l. l. pag. 116 No. 975,4; englisch Maner of medecyning zu Oxford Black Ashmole No. 1434, u. 1498,1. — De aegritudinibus et earum remediis zu München Cod. 927.

Die unserem Gerard beigelegten und öfter gedruckten Werke *Theoria planetarum* und *Geomantia astronomica* gehören einem anderen gleichnamigen Gerardus Cremonensis an, welcher hundert Jahre später lebte und nach seinem nahe bei Cremona gelegenen Geburtsorte durch den Beisatz de Sabbionetta unterschieden wird; das erstere wollen indess die Engländer dem gelehrten Mathematiker Walter Brytte (Gualterius Brithus fl. 1390) vindiciren[1]).

Es haben wohl nur wenige die Gelegenheit gehabt und noch wenigere sich die Mühe gegeben, die Übersetzungen mit den Arabischen Originalen zu vergleichen, wenn aber auch das Urtheil über Gerard in Bezug auf die medicinischen Werke, wie es schon vor mehr als 300 Jahren von dem Heidelberger Professor Jo. Lange (gest. 1565) gefällt wurde, nicht auf der Kenntniss und Vergleichung des Arabischen beruht und desshalb als einseitig betrachtet werden muss, so hat es doch eine gewisse Berechtigung, dass er in seinen Epistol. medicinal. Lib. II. Epist. 2 (Edit. Francofurt. 1589 p. 533) schreibt: — *Avicenna, Rasis, Albumasar & Averrois, medicorum Arabicae factionis principes — quos Cheraldus Cremonensis, Arabiae linguae parum peritus, Latino idiomate satis inculto Toleti donavit. Unde accidit, ut barbaries in medicinam irrepserit*

1) Tanner pag. 127. Black Ashmole No. 1522,11.

&· medicorum Arabiae libri non auctorum sed interpretum culpa tot erroribus scateant. Darin steht Gerard mit anderen auf einer Stufe, übertrifft sie aber doch durch die Menge seiner Leistungen; besser ist es mit den mathematischen und astronomischen Werken bestellt und hier macht ihm keiner den ersten Rang streitig.

§. XIV. ACCURSIUS PISTOIENSIS.

Accorso aus Pistoja, älterer Zeitgenosse und vielleicht Verwandter der berühmten Juristen-Familie der Accorsi in Bologna, wo er selbst lebte, übersetzte die Schrift des Galenus περὶ τροφῶν δυνάμεως de alimentorum facultatibus aus dem Arabischen ins Lateinische. Das Arabische Original كتاب قوى الاغذية ist im Escurial Cod. 798; die Übersetzung kommt in den Handschriften unter folgenden Titeln vor: zu Leipzig Feller pag. 254,16 Galeni liber regiminis sive de cibariis et cibis de Arabico in latinum translatus per M. Accursium Pistinensem, zu Paris Cod. 6865,41 Galeni liber regiminis sive de virtutibus ciborum, qui est translatus de arabico in latinum per Magistrum Accursium Pistoriensem; zu Oxford Coxe Pars 1. Colleg. Merton. No. 218,10 Unterschrift Explicit liber G. de virtutibus naturalibus cibariorum translatus per magistrum Accursium Pystoyensem apud Bononias anno Domini M°.CC°.

§. XV. PHILIPPUS TRIPOLITANUS CLERICUS.

Es ist mehr als wahrscheinlich, dass zu den unter dem Chalifen el-Mâmûn von den Arabern aus dem Griechischen übersetzten Schriften auch die Politicorum libri des Aristoteles gehörten, dass Jaljâ Ibn Batric der Übersetzer war und ihnen den Titel gab كتب السيسة فى تدبير الرياسة Liber rectionis de administranda republica. Hâgi Chalfa No. 10202 hat diesen Titel richtig angegeben mit der Bemerkung, dass das Werk sieben Paragraphe enthalte; er wollte noch die Übersetzer nennen, ist aber nicht dazu gekommen, wie in vielen anderen Fällen, denn der Artikel bricht ab: *Jamque arabice verterunt cum . . . . ,* was Flügel nicht angedeutet hat. Nun giebt es ein Werk unter dem obigen Titel, welches für eine Übersetzung des Aristoteles gehalten sein will und noch in mehreren Handschriften vorhanden ist; vergl. Catalog. Codd. orr. bibl. Lugdun. Bat. Vol. IV. pag. 205. Cod. 1952; Flügel, die Arab. Pers. und Türk. Handschr. der k. k. Hofbibliothek zu Wien. Nr. 1827 u. 28; zu Paris Cod. 944. Es ist indess nur ein untergeschobenes Machwerk, welchem zu seiner Empfehlung noch der Titel الاسرار سر Secretum secretorum hinzugefügt wurde; vgl. Ḥâgi Chalfa No. 7102, wo vielleicht el-Jemeni auf den wirklichen Verfasser hinweist. In dem Vorworte lässt dieser den Jahjâ Ibn Baṭrik erzählen, er habe das Buch bei den Sonnenanbetern im Tempel des Äsculap gefunden und übersetzt, zuerst aus dem Ionischen in das Rumische (nach Flügel: aus dem Alt- in das Neu-Griechische), dann ins Arabische. In den Übersetzungen findet sich statt dessen mit einem grösseren Scheine von Richtigkeit die Angabe: aus dem Griechischen in das Chaldäische (d. i. Syrische) und aus diesem ins Arabische.

Dieses Buch wurde angeblich von einem sonst unbekannten Kleriker Philippus zu Antiochia, wo er sich mit seinem Oberen Guido de Valentia, Erzbischof von Tripolis, aufhielt, entdeckt und auf dessen Veranlassung von ihm ins Lateinische übersetzt mit der Überschrift und Dedication: Liber Aristotelis de regimine regum vel principum, vel secreta secretorum, seu epistola Aristotelis ad Alexandrum, translatus de arabico in latinum. Domino suo excellentissimo militi religionis christianae ministro Guidoni de Valentia, civitatis Tripolis glorioso pontifici, Philippus, suorum minimus clericorum. Jourdain, Recherches sur les traductiones d'Aristote, pag. 147 vermuthet, dass dieser Guido in einem Document aus dem Jahre 1204 mit dem Buchstaben G gemeint sei.

Mehrere Jahrhunderte ist dieses Werk für ächt Aristotelisch gehalten, bis das Griechische Original der *Politica* bekannt wurde; es war weit verbreitet, wurde aus dem Lateinischen ins Französische, Italienische, Englische und Deutsche und aus dem Arabischen auch ins Hebräische übersetzt und commentirt und hat in verschiedenen Bearbeitungen theils Abkürzungen, theils Zusätze erfahren. Lateinische Handschriften sind zu Paris in 14 Exemplaren; zu Troyes Bibl. des Départ. Tome II. pag. 517 No. 1262; zu Saint-Omer ibid. Tome III. pag. 295 No. 674,2; zu Oxford Coxe Pars I. Colleg. Balliol. No. 245,6. 285,2; Pars II. Colleg

Omn. Anim. No. 31,4; Colleg. Corp. Chr. No. 86,3. No. 149 Rogeri Baconis glossulis illustratus; Colleg. St. Joh. Bapt. No. 178,16; Pars III. Bibl. Canon. No. 174,5. 271,13; verschiedene Englische Übersetzungen zu Oxford Coxe Pars I. Colleg. Univ. No. 85,2; Black Ashmole No. 396. 806.2; Englisch in Versen von John Ludgate, Monke of St. Edmunds, Bury (fl. 1440', Ashmole No. 46,iv; daraus zwei Gesänge abgedruckt in El. Ashmole, Theatrum Chemicum Britannicum. London 1652. pag. 397—403.

Der Druck „Aristotelis philosophorum maximi secretum secretorum ad Alexandrum De regum regimine, De sanitatis conservatione, De physionomia" ist die erste Schrift in dem sogen. Septisegmentatum opus editum ab Alex. Achillino, Bononiae 1501. Andere Ausgaben siehe in S. F. W. Hoffmanns bibliogr. Lex. der gesammten Lit. der Griechen Th. 1. S. 353—358, wo die Latein. Ausgabe Lugduni 1528 nachzutragen ist. Die Deutsche Übersetzung von J. Lochner 1532 weicht im mittleren Theile von der obigen Latein. sehr ab. Am freiesten ist die aus dem Lateinischen geflossene Französische Bearbeitung von Godofridus a Waterfordia (einem Dominicaner Mönche aus Irland ums J. 1300, welcher Griechisch und Arabisch verstanden haben soll.) mit vielen Zusätzen namentlich aus Ishák ben Suleimán, de diactis universalibus et particularibus; eine ausführliche Besprechung darüber findet sich in der *Histoire lit. de la France. Tome XXI. pag. 216.* — Die Hebräische Übersetzung von R. Jehuda el-Charisi schliesst sich, nach den Überschriften zu urtheilen, genau an das Arabische. s. Wolf. Bibl. hebr. Pars I. pag. 221. — Vergl. §. V. 20.

§. XVI. SALOMON CANONICUS PADUANUS.

Die gedruckte Schrift Albubather, Liber de nativitatibus. Venet. 1492 beginnt: Dixit Albubather Magni Alchasili Alcharsi filius, auctor Astronomie perspicuus, und wiederholt am Schlusse den Namen: Explicit Liber nativitatum Albubathris magni Alhassili filii Paduani de Arabico in Latinum translatus 1218. — Es war mir längst nicht zweifelhaft, dass der Name des Verfassers el-Chaçíbi *b* für *l*) خصيب zu lesen und dar-

unter ein berühmter Arabischer Astronom zu verstehen sei, welcher bei
Haǵi Chalfa an verschiedenen Stellen vorkommt. Flügel hat ihn einmal No. 13362, wo er neben Abu Ma'schar genannt ist, mit Weglassung
eines Punktes الخصبي geschrieben und dies el-Huçcibí ausgesprochen und
in dem Index No. 149 hat er angenommen, dass mit Umstellung der
Buchstaben el-Chaçíbí und el-Chabiçí einerlei sei, was nicht der Fall ist.
Meine Vermuthung fand ich bestätigt durch die Handschrift zu München
Cod. 125 f. 187, wo in dem Namen das *b* statt *l* steht und der Übersetzer genannt wird; Liber Alchasibi de nativitatibus translatus a magistro Salomone canonico Paduano a. 1228. Nun erklärt sich auch, wie
das „Magnus" in den Namen eingeschoben ist, was im Arabischen kein
in diesem Sinne gebräuchliches Beiwort für Gelehrte ist; es gehört zum
Titel, welcher bei Haǵi Chalfa No. 3945 vollständig lautet: Corpus mag-
num de astrologia judiciaria, vergl. No. 9783 und 11680. —

Das in dem Escurial-Codex 935 enthaltene Arabische Original führt
uns näher auf den Verfasser, welcher hier Ibn 'Azrá el-Chaçíbí astro-
logus Toletanus Judaeus genannt wird und man könnte dies mit dem Vornamen Abu Bekr (Albubather) für den Arabischen Namen des bekannten
Jüdischen Schriftstellers Abraham ben Esra aus Toledo (gest. im J. 1168)
halten, wenn nicht zwischen beiden schon desshalb ein Unterschied gemacht werden müsste, weil von beiden in ein und demselben Bande
Schriften mit einerlei Titel vorkommen, zu Oxford, Catalog. Mss. Angl.
Tom. I. Pars I. pag. 128 No. 2492,10 Albubacer de nativitatibus und
17 Abraham Judaeus de nativitatibus, von letzterem auch pag. 79 No.
1649 und pag. 84 No. 1762. Und selbst dann sind nochmals zwei Personen des Namens Abraham Judaeus zu unterscheiden, welche de nativitatibus, aber Hebräisch, geschrieben haben, der eine ist jener Abraham Ibn Esra, dessen astrologische Schriften gedruckt sind: Abrahe
Avenaris Judei Astrologi peritissimi in re judiciali Opera: ab excellentissimo Philosopho Petro de Abano (Paduano) post accuratam casti-
gationem in latinum traducta, Venetiis 1507, darunter die dritte Schrift
Liber nativitatum et revolutionum earum; der andere nur Abraham
Judaeus genannt, dessen Abhandlung (auf der Rückseite des unbe-

druckten Titelblattes ist ein Astrolab abgebildet) die Überschrift hat:
Incipit liber Abraham iudei de nativitatibus, mit einem Anhange (des
Übersetzers?), der sich auf jene Abbildung bezieht: Magistralis compo-
sitio astrolabii h a n r i c i b a t e ad petitionem fratris Wilhelmi de morbeka
ordinis praedicatorum dñi pape penitentiarii et capellani. Veuetiis 1485.
wovon eine neue Auflage: Abraam Judaei de nativitatibus — per Joan.
D r y a n d r u m, Colouiae 1537 ohne jenen Anhang. — Jener H e n r i c u s
B a t e de Mechlinia ist auch selbst Verfasser astrologischer Schriften, zu
Paris Cod. 10269 fg.

Über den Übersetzter Salomon ist nichts weiter bekannt, als dass
er nach der Unterschrift eines Codex diese Übersetzung in Barcelona
gemacht haben soll; die Verschiedenheit in der Jahreszahl 1218 oder
1228 ist nicht erheblich, die letztere wird bestätigt durch die Handschrift
zu Oxford C o x e Pars II. Colleg. Corp. Chr. No. 101,6 mit anderen
Namenentstellungen: Introductorium magni philosophi Abubecli in nativitates interpretandas; Anfang: Dixit Abubecli magni filius Alkasibi;
Schluss: Completus est liber Alkasibi de nativitatibus translatus a mag.
Solkcen, canonico Paduano, de Arabico in Latinum, anno Chr. 1228 in
Barnoni [Barcinona.] Zu Paris Cod. 7325 Alkassibi liber de nativitati-
bus; Cod. 7336,13 Alkasibi liber de nativitatibus interprete mag. S a l i o n e.
Cononico Poduano.

Als Herausgeber der zuerst erwähnten Ausgabe nennt sich Antonius Laurus de Palatiis Patavinus; der Herausgeber und Drucker einer
jüngeren Ausgabe scheint die ältere nicht gekannt zu haben: Albubatris
Astrologi diligentissimi Liber genethliacus sive de nativitatibus. Norimbergae apud Joh. Petreium 1540. 4.

§. XVII. ALFREDUS ANGLICUS.

Die Araber hatten eine kleine Schrift Περὶ φυτῶν de plantis, welche
dem Aristoteles zugeschrieben wurde, wozu Nicolaus Damascenus einen
Commentar geschrieben haben sollte. Dieser Commentar wurde von
Hunein ben Ishak aus dem Griechischen ins Syrische, von seinem Sohne
Ishak aus dem Syrischen ins Arabische übersetzt und von Thabit ben

Curra verbessert [1]). Weder das Griechische, noch das Arabische Original ist uns erhalten, dagegen eine Lateinische Übersetzung des letzteren
und die Untersuchungen des neueren Herausgebers haben festgestellt,
dass Nicolaus der Verfasser ist. *Nicolai Damasceni de plantis libri duo
Aristoteli vulgo adscripti. Ex Isaaci ben Honain versione Arabica latine
vertit Alfredus. Ad Codd. Mss. fidem recensuit E. H. F. Meyer. Lipsiae 1841* [2]) Ein alter Druck, von welchem Jourdain gar keine Kenntniss hatte, weshalb er pag. 430 den Anfang nach Pariser Handschriften
gab, und welchen Meyer nicht erlangen konnte, ist im Besitz der hiesigen Bibliothek und wegen der grossen Seltenheit will ich darüber einiges mittheilen. Er befindet sich in der ersten Lateinischen Ausgabe
der Opera Aristotelis, Venetiis per Gregorium de Gregorio 1496 [3]) Es
hängen darin drei Schriften mit einander zusammen, wie aus den Bin-
deworten *autem* und *enim* deutlich hervorgeht. Bl. 349ᵛ *Incipit liber
de coloribus.* Der Anfang stimmt zu der von Jourdain pag. 432 gege-
benen Probe einer Translatio graeco-latina. — Bl. 351ʳ *Explicit liber de
coloribus.* — *Incipit liber de plantis. In omnibus autem plantis princi-*

---

1) Hagi Chalfa, lexicon bibliogr. No. 10564.

2) Die Angabe bei Leclerc II. 440: „*Meyer — qui l'a enrichi d'une traduction*" wäre zu sinnlos, wenn man sie nicht aus einem gedankenlosen Fehler für *in-
troduction* erklären könnte.

3) Hätte Jourdain diese Ausgabe gekannt und benutzt, so würde er manche
seiner aus Handschriften genommenen Proben sich haben ersparen können, da sie
mit jener Ausgabe übereinstimmen; es gehört dazu auch die von ihm pag. 444 als
Translatio arabico-latina erwähnte Schrift de proprietatibus elementorum, welche in
der Ausgabe Blatt 365—370 vollständig abgedruckt ist.

Die Beschreibung, welche S. F. W. Hoffmann, bibliogr. Lex. d. Lit. d. Griechen. Th. I. S. 258 giebt, stimmt mit unserem Exemplar insofern nicht überein,
als auf Bl. 213 nicht 123 und dann 214 folgt, sondern 214 zweimal gezählt ist.
Aber eine viel grössere Merkwürdigkeit hat Hoffmann ganz übersehen, dass nämlich die Blattzählung von 199 wieder auf 100 zurückgeht und also die Zahlen von
100 bis 199 zweimal vorkommen, so dass der ganze Band nicht aus 408, sondern
aus 508 Blättern besteht. Schweiger, Handb. d. class. Bibliogr. giebt unrichtig
2 Vol. an.

pium colorum herbeum cet. — Bl. 353ᵛ *Explicit liber de plantis.* Bl. 353ᵛ
*Incipit liber de vegetabilibus. Tria enim, ut ait Empedocles, in tota
rerum varietate cet.* — Nur diese dritte Schrift ist das von Meyer herausgegebene Liber de plantis, worin das enim im Anfange nicht steht;
und der Übersetzer sagt auch in seiner Dedication librum Aristotelis de
vegetabilibus ex Arabico in Latinum transferens. Der alte Druck,
welcher keine Kapitel-Abtheilung hat, ist übrigens doch nicht so schlecht,
wie Meyer nach der Angabe von Hofmann vermuthet hat, und wäre
einer Vergleichung bei seiner Ausgabe werth gewesen[1]).

Was nun den Übersetzer betrifft, so wird er in den Handschriften
Alfredus, Alvredus, einmal Alfredus de Sarchel genannt, ein
Zusatz, welcher noch nicht erklärt ist. Die Englischen Biographen[2]),
welche ihn Alfredus Anglicus nennen, wiederholen einer von dem
anderen „claruit An. 1270" d. h. er war in dieser Zeit in der Hausca-
pelle des Cardinals Othobonus angestellt. Das Buch de vegetabilibus muss indess schon vor dem J. 1250 übersetzt sein, da es von Vincentius Bellovacensis in seinem in diesem Jahre verfassten Speculum naturale[3]) citirt wird und keine ältere Lateinische Übersetzung
bekannt ist, auch seine Citate mit der Übersetzung Alfreds so genau,
als man es erwarten kann, übereinstimmen. Wir stellen hier zur Vergleichung einige Sätze aus Vincentius und dem alten Druck neben
einander, woraus die Abweichungen des Textes bei Meyer leicht zu ersehen sind:

Vincentius speculum nat. Venet. 1494.	*Aristotelis Opera. Venet. 1496.*
Lib. IX. Cap. II. Fol. 91ᵛ	*Fol. 355ᵛ lin. 19. Meyer Lib. I. Cap. XII.*
Aristo. in li. de vegetabilibus. Itaque	*Plantarum quaedam sunt arbores,*

1) Wie der Name Empedocles انبذقليس (sonst auch يندقليس) in Abru-
calis ابرقليس entstellt werden konnte, ist aus den Arabischen Schriftzügen leicht
ersichtlich und ist nicht Protagoras (falsche Lesart Pythagoras) darunter zu
verstehen, wie Albertus M. meinte, auch nicht Proclus, wie Jourdain pag.
175 vermuthet.

2) Bale, Cent. IV. 35 pag. 322. — Pits pag. 351. Tanner pag. 37.

3) Lib. XXXII. Cap. CII. — qui est annus ab incarnatione domini MCCL.

12

plantarum quaedam sunt arbores quae
s. habent ex natura sua stipitem, in quo
multi nascuntur rami, ut olive fici.
Quedam vero sunt herbe quae non habent stipitem ex sua radice, sed folia.
Quedam autem olera, quae s. multos
habent stipites ex una radice, et multos
ramos ut ruta et caules. Quedam etiam
inter arbores et herbas, ut ambrachion
quod multos habet in radicibus ramos.

Lib. IX. Cap. XI. Fol. 92ʳ
Aristo. ubi supra [Cap. IX. in li. de
plantis.] Plantarum quaedam faciunt
fructum, quedam non. Et quedam producunt fructum super folia, quedam vero
sub foliis. Quarundam etiam fructus
suspensus est a stipite suo, quibusdam
a radice.

Lib. IX. Cap. XIII. Fol. 92ᵛ in fine.
Aristoteles in libro de plantis. Plantarum quidem plurime plantantur in
vere, et pauce in hieme et autumno, pau-
cissime autem in estate post ortum stelle
canicule. Sed in egypto non fit plantatio nisi semel in anno.

quaedam inter arbores et herbas, nomi-
nantur & illae ambracchion, & quaedam
sunt herbae, & quaedam olera, & fere
omnis planta sub hiis cadit nominibus;
et arbor est quae habet ex sua radice
stipitem, et nascuntur in eo rami multi,
ut olivae et fici: sed planta quae est inter
arbores et herbas minutas quae dicitur
ambracchion, habet in radicibus suis
multos ramos: ut id quod dicitur nigra-
lius cannue et tubus. sed olera sunt, quae
multos stipites habent ex una radice et
multos ramos, ut ruta et caulis. Sunt
autem herbae, quae non habent stipitem
ex sua radice, sed folia.

Fol. 335ᵛ lin. 3. Meyer Cap. XI.
Et plantarum quaedam producunt
fructum supra folia sua, quaedam sub
foliis, et quarundam fructus suspensus
est a stipite suo, & quarundam a radice
ut arbores aegypti quae dicuntur nar-
ganaricon.

Fol. 356ᵛ lin. 14. Meyer Cap. XVII.
Plantantur quoque plures in vere,
paucae in hyeme & in autumno, & pau-
cissimae in aestate, post ortum stellae
caniculae. In paucis enim locis fit
plantatio hoc tempore, & nusquam fit
nisi in colonia hac hora. Sed in ae-
gypto non fit plantatio nisi semel in anno.

Ich finde nun aber keinen genügenden Grund gegen die Annahme,
dass Alfred schon vor dem J. 1250 die Übersetzung gemacht habe, und
seine Englische Abkunft kann dadurch nicht in Zweifel gezogen werden,
dass Roger Bacon aus einer Stelle folgert, sie müsse in Spanien gemacht
sein, es bleibt sogar kaum etwas anderes wahrscheinlich, als dass er in

jüngeren Jahren Spanien besuchte, da er an keinem anderen Orte Arabisch lernen konnte.

Dass Vincentius den Aristoteles für den Verfasser des Buches de plantis hielt, kann uns nicht wundern, sind doch die Zweifel darüber erst viele Jahrhunderte nach ihm aufgekommen; aber auffallend ist es, dass er sogar den ganzen ersten Satz der Vorrede Alfreds unter Aristoteles Namen citirt, Speculum doctrinale Lib. V. Cap. 123: Arist. in li. de vegetabilibus. Tria, ut ait Empedocles, — efficacius. — In dieser Vorrede hat man noch eine Schwierigkeit in dem Namen desjenigen gefunden, welcher darin *dilectissime mi Rogere* angeredet wird; so steht der Name voll ausgeschrieben in dem alten Druck und in einer Pariser Handschrift, sonst nur ein blosses *R* oder statt dessen ein blosses *H*. Jourdain nimmt an, dass Roger de Herford gemeint sei, und da das Zeitalter desselben (1170) bekannt ist, so würde auch unser Alfred in diese frühere Zeit gehören und Alfredus Anglicus davon verschieden sein; allein in dem Codex 16097 des Petrus de Alvernia, super librum de vegetabilibus et plantis, welchen Jourdain dafür anführt, fand Leclerc nur *Rogerus puer de hebardia*, was er durch enfant de l'Irlande erklärt, wo aber Jourdain gewiss *Rogerus de Herfordia* herausgelesen hat. Wir werden also Rogerus unerklärt lassen und an Alfredus Anglicus fl. 1250—1270 festhalten müssen.

Unter den diesem Alfred zugeschriebenen Werken wird auch eines *de motu cordis* genannt, welches in dem Pariser Codex 16613 [I. Alvredi anstatt Almedi] enthalten und nach dem Urtheil Jourdain's pag. 106 aus dem Arabischen übersetzt ist.

§. XVIII.   AEGIDIUS DE TEBALDIS 1256.

Die Angabe, welche man hier und da findet, dass Aegidius ein astrologisches Werk des Abul-Hasan 'Ali ben Abul-Rigâl aus dem Arabischen ins Lateinische übersetzt habe, ist nicht genau; das richtige Verhältniss ist in dem Eingange angegeben, nach der Ausgabe Venet. 1485 also: Preclarissimus liber completus in judiciis astrorum, quem edidit Albohazen Haly filius Abenragel quamfelicissime incipit. — Hic

12 *

est liber magnus et completus quem Haly Abenragel filius summus astro-
logus composuit de judiciis astrorum, quem Yhuda filius Musce prae-
cepto domini Alfonsi Romanorum et Castelle Dei gratia regis illustris
transtulit de arabico in maternum videlicet hyspanicum idioma. Et
quem Egidius de Tebaldis Parmenus aule imperialis notarius una cum
Petro de Regio ipsius aule prothonotario transtulit in latinum.

Über den Verfasser 'Alí ben Abul-Rigâl ist nur so viel bekannt,
dass er aus Sevilla gebürtig und ein guter Dichter war; Proben von
ihm stehen in einem Diwan Spanischer Dichter im Escurial Codex 436;
ein einzelnes seiner Gedichte über Astrologie ist commentirt von Ahmed
ben Hasan Ibn el-Kunfud, gest. im J. 571, welcher sein Buch dem
Abu Jahjá, einem Wezire des Mutawakkil, dedicirte, Catal. Codd. or.
bibl. Bodl. Vol. II. pag. 282, worunter demnach nicht der Chalif von
Bagdad verstanden werden kann, wohl aber el-Mutawakkil 'Omar Ibn
el-Aftas, Sultan von Badajoz. — Nach der Hebräischen Übersetzung
wäre der Vorname des Verfassers nicht Abul-Hasan, sondern אבו אלהסין
Abul-Husein; nach dem Vorkommen im Arabischen und Lateinischen
ist aber Abul-Hasan das Richtige; Exemplare des Arabischen Originals
sind in London Catal. Mus. Britan. No. 623 und Catalogue of the library
of the Indian Office, by O. Loth. No. 735. Die Überreichung der
Castilischen Übersetzung an den König Alfons X. durch Jehuda ben
Musá fand im J. 1256 statt und bald nachher erfolgte die Übertragung
ins Lateinische durch Ägidius.

s. Steinschneider, Jüd. Lit. S. 438. 440. — Ejusd. Catal.
libr. Hebr. bibl. Bodl. pag. 734 und 1355.

Handschriften: Catal. Mss. Angl. Tom. II. pag. 234 No. 7690; zu
Paris Cod. 7292,8. 7317—18. 7438,11. 13014. 16206. 17869; zu München Cod. 125. 228. — Lingua Lusitana sed literis Hebraicis, Catal.
Mss. Angl. Tom. I. Pars I. pag. 53 No. 618. Hebraice ex Arabico ibid.
pag. 280 No. 5839.

In der Ausgabe Albohazen Haly filii Aben-Ragel libri de judiciis
astrorum, summa cura & diligenti studio de extrema barbarie vindicati,
ac latinitati donati, par Antonium Stupam Rhoetum Praegalliensem.

Basiliae 1551 deutet schon dieser Titel darauf hin, dass nicht etwa der Arabische Text dabei verglichen, sondern nur der Lateinische Ausdruck verbessert ist, um die vielen von den Übersetzern gebrauchten Spanischen, Französischen und Italienischen Wörter und Wendungen zu beseitigen.

Dass in ähnlicher Weise auch von dem Almagest des Ptolemäus eine Spanische Übersetzung aus dem Arabischen gemacht und nach dieser auf Befehl Kaiser Friedrich II. durch Ägidius Tibuldi eine Lateinische angefertigt sei, wie Bähr in Pauly's Real-Encyclopädie Bd. 6 S. 240 angiebt, darüber vermisse ich eine weitere Nachweisung.

§. XIX. MAGISTER G. FIL. MAG. JOHANNIS.

Es ist nicht zu ermitteln, wer dieser G. gewesen sein mag, welcher das beste Arabische Werk über die einfachen Arzneimittel, namentlich aus dem Pflanzenreiche, aus dem Arabischen ins Lateinische übersetzte. Wir finden den Titel el-Gâfiki liber de simplici medicina a. 1258 translatus Ilerdae (Lerida) a magistro G. filio magistri Johannis, zu München Cod. 253. Vergl. Geschichte d. Arab. Ärzte. §. 176.

§. XX. HERMANNUS ALEMANNUS oder THEUTONICUS.

Man weiss über Hermann mit Sicherheit nur so viel, dass er sich mit den Griechischen Philosophen, besonders mit Aristoteles beschäftigte und einige von dessen Schriften aus dem Arabischen übersetzt hat, namentlich die Ethik, Rhetorik und Poetik. Wenn er der Lehrer des Roger Bacon war, wie einige neuere annehmen, so müsste er etwa bis zum Jahre 1240 in Paris gelebt haben, während Bacon dort, nachdem er seine Studien in Oxford vollendet hatte, zu seiner weiteren Ausbildung sich einige Jahre aufhielt. Wenigstens scheint eine persönliche Bekanntschaft zwischen beiden stattgefunden zu haben, die aber auch erst in späteren Jahren gemacht sein könnte. Hermann begab sich nämlich nach Toledo, um das Arabische zu erlernen und lebte dort zwischen den Jahren 1240 und 1260 und Bacon soll während seines zweiten Aufenthaltes in Fankreich zwischen den Jahren 1257 und 1267

auch eine Reise nach Spanien gemacht haben. Wer dies bezweifelt[1]),
müsste annehmen, dass sie in einem brieflichen Verkehr gestanden
hätten und dass Hermann seine Übersetzungen an Bacon gesandt habe,
denn Bacon kannte dieselben und citirt einmal eine Stelle aus dem
Vorworte zu Hermanns Übersetzung der Poetik und bemerkt an einer
anderen Stelle, wie aus einer mündlichen Unterredung, dass Hermann
nicht eigentlich der Übersetzer gewesen sei, sondern sich der Araber
bedient und nur dabei geholfen habe. *Hermannus ipse Bacono confessus
est, se magis adjutorem fuisse translationum quam translatorem, quia Sara-
cenicos tenuit secum in Hispania, qui fuerunt in suis translationibus principales*[2]). Die Poetik wurde 1256 übersetzt. also 1257 oder etwas später
könnte eine persönliche Begegnung in Toledo stattgefunden haben.

1. Zuerst aber unternahm Hermann die Übersetzung der Ethik
nach einem Auszuge, welche noch in einigen Handschriften vorhanden
ist, zu Oxford Coxe Pars III. Bibl. Canon. Col. 223. No. 271, 16:
Translacio nova Ethice Aristotelis ab Hermanno Theutonico ex Arabico;
Schluss: Explicit summa prima Nykomachie Aristotelis, que se habet
per modum theorice et restat secunda pars, que se habet per modum
practice et est in libro Politicorum Aristotelis, et expleta est ejus translacio ab Hermauno Theutonico ex Arabico in Latinum ex summa
Alexandrinorum, anno gratie MCCₒXLIIII et VIII. die Aprilis. Den
gleichen Anfang hat zu Paris Cod. 16581 mit der Aufschrift: Summa
quorumdam Alexandrinorum quam excerpserunt ex libro Aristotelis
nominato Nichomachia, et transtulit eam ex arabico in latinum Her-
mannuş Alemannus. Hierher gehört auch der Codex zu Florenz Bandini Tom. III. Col. 407, XI, nur ist hier die Jahrzahl 1243 anstatt 1244.

2. Hierauf machte er sich an die Rhetorik, die ihm viel Mühe ver-
ursachte, bis er im J. 1256 damit zu Stande kam; als er dann auch die

---

1) Wie Emile Charles, Roger Bacon, sa vie, ses ouvrages, ses doctrines.
Paris 1861. pag. 23.

2) Rogeri Bacon Opus majus ed. S. Jebb. Londini 1733. Praefatio
pag. 5.

Poetik bearbeiten wollte, fand er diese wegen der grossen Verschiedenheit der Griechischen und Arabischen Metrik zu schwierig und begnügte sich,

3. einen Auszug daraus von Ibn Roschd zu übersetzen. Dies sagt er in der Vorrede, die wir, da sie zum Verständniss seiner Arbeit beiträgt, vollständig hier folgen lassen: *Inquit hermannus alemannus postquam cum non modico labore consumaveram translationem rethorice aristotelis ex arabico in latinum volens manum mitere ad ejus poetriam tantam inveni difficultatem propter disconvenientiam modi metrificandi in greco cum modo metrificandi in arabico & propter vocabulorum obscuritatem et plures alias causas quod non sum confisus me posse sane & integre illius operis translationem studiis tradere latinorum* [1]). *Assumpsi ergo edictionem averois determinativam dicti operis aristotelis secundum quod ipse aliquid intelligibile eligere potuit, ab ipso et modo quo potui in eloquium redegi latinum. Suscipiant igitur si placet et hujus edictionis poetrie translationem viri studiosi et gaudeant se cum av (l. hac) adeptos loici (logici) negocii aristotelis complementum* [2]).

Incipit determinatio ibinrosdin in poetria aristotelis. Inquit ibinrosdin:

Aus dem Worte Complementum mit dem vorhergehenden Satze hat man gefolgert, dass Hermann das ganze Organon übersetzt und mit der Poetik abgeschlossen habe. Die Ethik, Rhetorik und Politik stehen zusammen zu Paris in dem Cod. 16583 und enthalten wahrscheinlich die Übersetzung des Hermann.

4. Es giebt aber noch eine Lateinische Übersetzung der von el-Fârâbî gemachten summarischen Inhaltsangabe der Rhetorik mit der Überschrift *Declaratio compendiosa per viam divisionis alfarabii super libris rhetoricorum Aristotelis ad formam tamen clariorem et tabule reducta per infrascriptum d. correctorem.* Dazu die Unterschrift: *Explicit compendiosa declaratio alpharabii tabulata et correcta unaa (sic)*

---

1) Auf diese Stelle bezieht sich R. Bacon, Opus majus, pag. 59.

2) Jourdain pag. 141 giebt die Stelle nach dem Pariser Codex mit einigen Varianten, z. B. elicere anstatt eligere.

cum rethorica et poetria sequentibus Aristotilis per nobilem virum et excellentissimum artium et medicine doctorem d. magistrum Lancilottum de Zerlis physicum veronensem magna cum difficultate propter penuriam exemplaris unius tantum et stilum veterem in modernum reductum. — In dieser angegebenen Zusammenstellung: Fârâbí, Rhetorik, Poetik sind nun auch diese drei Schriften zusammengedruckt Venetiis per mag. Philipum Venetum 1481, allein das mittlere Stück, die Rhetorik, ist hier nicht aus dem Arabischen, sondern aus dem Griechischen übersetzt mit der Unterschrift: Explicit rethorica aristotilis translata a greco in latinum, ebenso wie zu Oxford Coxe Pars I. Colleg. Ball. No. 250,1. Colleg. Oriel. No. 25,4. Dagegen findet sich zu Paris Cod. 16673 Aristotelis rhetorica et poetria interprete Hermanno Alemanno.

5. Endlich kam Hermann auf die Ethik zurück und übersetzte dazu den mittleren Commentar des Ibn Roschd (Averroes), welcher in der Ausgabe Aristotelis libri cum Averrois expositione. Venetiis apud Juntas 1550 Vol. III. in Folio und Venetiis apud Cominum de Tridino 1560 Vol. III. in Octav abgedruckt ist. Zwar ist Hermanns Name dabei nicht genannt, indess möchte die Unterschrift, worin zuerst der Verfasser, dann der Übersetzer ihre Abfassungszeit angeben, keinen Zweifel lassen. Sie lautet in der Folio-Ausg. Bl. 79, Octav-Ausg. Bl. 318: *Et ego quidem explevi determinationem istorum tractatuum quarto die Jovis mensis, qui Arabice dicitur Ducadatin anno Arabum DLXXII[1]). Et grates Deo multe de hoc. D. (dixit) translator. Et ego complevi ejus translationem ex Arabico in Latinum tertio die jovis mensis Junii anno ab incarnatione Domini MCCLX apud urbem Toletanam in capella sancte trinitatis.* Der Codex zu Florenz Bandini Tom. III. Col. 178—179 hat durch leicht mögliche Umstellung die Jahrszahl MCCXL, die man für weniger wahrscheinlich halten muss, da er nicht zuerst den Commentar und dann die eigentliche Schrift übersetzt haben wird, wenn auch in jenem Codex diese hinter jenen gestellt ist mit der, der obigen ähnlichen Unterschrift Expliciunt Sum-

---

1) Nicht im J. 1176 nach Renan, Averroès et l'Averroïsme, pag. 46, sondern der 4. Dsul-Ca'da 572 entspricht dem 4. Mai 1177 Chr.

maria librorum Moralium ad Nicomachum, unde inscribitur liber Nico-
lomachiae (sic) quem transtulit Hermannus Alemannus ex Arabico in
Latinum.

Zu diesem Commentar ist in den Ausgaben capitelweise eine aus
dem Griechischen geflossene Lateinische Übersetzung gestellt, worüber
Leclerc T. II. pag. 460 sagt: Nous avons tout récemment acquis une
traduction des Éthiques dont le text traduit du grec par Léonard Aré-
tin est accompagné du commentaire d'Averroès (traduit par Hermann).
Also Autopsie und doch eine ganz falsche, ohne nähere Prüfung oder
gedankenlos gemachte Angabe!   Die Übersetzung hat Ähnlichkeit mit
der des Aretinus (÷ 1444) und ist entweder nach dieser, oder wahr-
scheinlicher nach der des Argyropulus (÷ 1486) gemacht, welcher den
Aretinus zu Hülfe genommen hatte, sie ist aber doch davon verschieden
und in dem Index zu Aristoteles Tom. III. in Folio steht ausdrücklich:
Aristotelis Moralium Nicomachiorum libri Decem, Joanne Bernardo
Feliciano interprete, ebenso in der Überschrift Blatt 1.   In der
Octav-Ausgabe fehlt diese Angabe und nur die Praefatio wird dem Feli-
cianus (÷ 1545) zugeschrieben, welche aus dessen Übersetzung von Eu-
stratius Commentar zur Ethik durch den Herausgeber herüber genommen
wurde, so dass man die Angabe der Folio-Ausgabe anzweifeln könnte.
Jedenfalls ist aber die Übersetzung nicht die des Aretinus. — Bemer-
kenswerth ist noch, dass in dem der Übersetzung des Argyropylus bei-
gefügten Commentar (adjecto familiari Jacobi Stapulensis commentario)
die Expositio des Averroes ohne Nennung seines Namens stark benutzt
ist, was z. B. in der Herbeiziehung von Stellen aus Protagoras und
Teognis sehr auffällig hervortritt.

In Bezug auf einige Namen seien noch ein Paar Bemerkungen
gestattet.   Ibinrosdin ist Ibn Roschd (Averroes) mit der Arabischen
Genitiv-Endung in, welche wir wegzulassen pflegen.   Ebenso Ducadatim,
bei Bandini richtiger Ducadatin der Monatsname, besser mit dem Artikel
und dann ohne n Dul-Cadati, wofür wir Dsul-Ca'da sagen.   Der in der
Nachschrift vorkommende Name Abyn arrin, bei Bandini wenigstens
besser abgetheilt Aby Narrin ist Abu Naçrin, Abu Naçr der Vorname

des Fárábí; derselbe Name ist an einer anderen Stelle Abumazar geschrieben, zunächst für Abunnazar d. i. Abu Naçr, und daher nicht mit Albumasar, Apomasar d. i. Abu Ma'schar zu verwechseln.

§. XXI. STEPHANUS MESSINENSIS.

Von der zuerst unter der Aufschrift Centiloquium Hermetis s. l. e. a. (nach dem Druckerzeichen Lipsiae) erschienenen Schrift ist das Arabische Original in dem Escurial Codex 934,3 erhalten, eine Nachbildung des Centiloquium Ptolemaei, deren Verfasser unbekannt ist; sie führt hier den Titel فصول لعطارد البابلى الحاسب فى الاسرار السماوية Aphorismi Mercurii Babylonici secretorum coelestium computatoris und ist aus einer in einigen Lesarten von dem Centiloquium ein wenig abweichenden Handschrift in die Sammlung Julii Firmici Astronomicῶν Libri VIII. Basileae 1551 aufgenommen und hieraus in die Astrologia aphoristica. Ulmae 1674 übergegangen. Das Zeitalter des sonst nicht weiter bekannten Übersetzers Stephanus aus Messina ist dadurch bestimmt, dass er sein Buch dem Könige Manfred von Sicilien (gest. im J. 1266) dedicirte mit dem Eingange: *Incipiunt aphorismi astronomici. Domino Manfredo inclito Regi Cecilie Stephanus de Messana hos flores de scientiis astronomie domini* (oder *divi*) *Hermetis transtulit;* zu Oxford Black Ashmole No. 357,6; zu Paris Cod. 7321,3. 7357,4. 7440,6.

§. XXII. ARMEGANDUS BLASII.

mit den weiterhin vorkommenden verschiedenen Schreibarten, ist in Frankreich der erste bekannte Gelehrte, welcher das Arabische verstand; er hatte es vermuthlich in Spanien erlernt, da eine seiner Schriften aus Barcellona datirt ist. Die älteste Nachricht über ihn findet sich bei X. Vignier, bibliothèque historiale. Paris 1583. Part. III. pag. 408, wo er zu dem Jahre 1291 bemerkt: *Maistre Arnangand Blaise de Montpellier, Docteur en medecine, translata en ce temps de la langue Arabique en la Latine les Cantiques d'Avicenne & le commentaire d'Averrois.* Dies vergrössert Cl. Duret, thresor de l'histoire des langues de cest univers. Cologny 1613. pag. 434 dahin: *Il me souvient avoir leu dans une certaine histoire de France que du temps du Roy Philippe fils de sainct Louys en l'an de salut 1274 florissoit un tresçavant medecin nommé Ermengard, lequel commenta tous les oeuvres d'iceluy Averroes & d'Avicenne pareillement.* Dies ist darauf zurückzuführen, dass Armegandus zwischen den Jahren 1280 und 1290 eine kleine Schrift des Ibn Sina mit dem Commentare des Ibn Roschd, zwei Schriften des Maimonides, vielleicht auch zwei des Galenus aus dem Arabischen in das Lateinische übersetzte. Ob von ihm auch die Übersetzung des grossen medicinischen Werkes des Ibn Roschd الكليات el-Kullijât d. i. „die Gesammtheit" oder das Alles umfassende Werk über Arzneiwissenschaft[1], herrühre, wie Einige annehmen, ist nicht bestimmt zu ermitteln; man kann aber soviel als ausgemacht annehmen, dass die Lateinische Übersetzung aus dem Arabischen und nicht aus dem Hebräischen gemacht ist.

1. Ibn Sinâ الارجوزة في الطب Canticum de medicina, zu Oxford Coxe Pars II. Colleg. Omn. Anim. No. 72, 6: Avicennae Cantica cum Averrois commento perpetuo in Latinum versa per Armegandum Blasii; am Schlusse: facta ab Arabico in Latinum a mag. Armegando Blasu in monte Pessulano anno incarnationis Verbi 1280; zu Padua Tomasini pag. 137; zu München Cod. 470; zu Paris Cod. 6930. 6931, soll die Jahrszahl 1284 führen[2].

---

1) Den dafür aus den Handschriften in die Drucke übergegangenen Titel Colliget hat man nicht etwa aus dem Lateinischen Colligere abzuleiten.

2) Nach E. Renan, Averroès. Paris 1852. pag. 172. — Es muss indess schon ältere Übersetzungen gegeben haben; Raimundus Martini († nach 1286) verfasste sein Werk Pugio fidei adversus Mauros et Judaeos, wie er selbst sagt, im J. 1278 und citirt darin den Commentar des Ibn Roschd zu Vers 154 des Canticum' dessen Arabischen Titel el-Orgûza er Oriusa schreibt, in gänzlich verschiedener Fassung; wir stellen sie hier zusammen:

Raim. Mart. Paris 1651. pag. 159	*Armegand. Cantica Avic. vers. 154*
Item Aben Rost super Oriusam Avicennae: Sententia, inquit, Avicennae est quod multum coire debilitat corpus, & acquirit sibi plurimas passiones, nos	*Nedum dicimus quod multus coitus debilitat corpus et facit ipsum consequi varios dolores et morbos, quinimo quod diminuit et abbreviat valde vitam, facit-*

Gedruckt ist Translatio Canticorum Avicennae cum commento Averrois translata ex arabico in latinum a mag. Armegando Blasii de Montepessulano; in der Gesammtausgabe der Werke des Ibn Sina Venet. 1492—1495. Anstatt Abu Ali Ibn Roschd steht im Anfange Aboolit benroist. Vergl. §. XXXV, 1 und 2.

2. Maimonides de venenis zu Oxford Coxe Pars II. Colleg. Corp. Chr. No. 125,2: Rabbi Mosis Cordubensis liber de venenis per Hermengaldum Blasii de Monte-Pessulano ex Arabico in Latinum versus; am Schlusse: Barthornone d. i. Barcinonae.

3. R. Moses Aegyptius de sanitate translat. ex Arabico in Latinum per mag. Armingandum Blazum apud Montum Pessulanum A. D. 1290, zu Oxford Catalog. Mss. Angl. Tom. I. Pars III. pag. 116. No. 974.

4. Yconomia Galieni interprete Armengando Blazii de arabico in latinum, zu Dresden, wird sonst nicht unter Galens Schriften genannt.

5. De cognitione propriorum defectuum, eodem interprete, zu Dresden. Vergl. Galeni Opera ed. Kühn. Tom. I. pag. CCXIV.

─────────

vero nequaquam dicimus quod debilitet corpus, & acquirat ei plurimas passiones tantum; sed addimus quod diminuit vitam, & acquirit corpori mortem celerrimam. Hoc autem est quod Aristoteles ait, Animal, quod multum coit, modice vivit; Ad hoc autem probandum inter alia induxit, quod passeres nidificantes in domibus propter excessum coitus, non vivunt nisi per annum; in autumno quippe apparent, & nullus eorum videtur, qui totum pectus habeat nigrum, quod est eis antiquitatis indicium. Quaedam vero animalia sunt quae cum generaverint extemplo moriuntur; plurimae denique plantae cum semen fecerint, omnino siccantur. Haec Aben Rost.

que eam valde breviter et celeriter terminari. Aristo. nempe asserit quod animalia multi coitus sunt brevioris vitae, probans hoc et confirmans ex passeribus qui non vivunt nisi per annum solum, inducens super hoc probationem, quoniam non apparet nigredo super guttur illorum qui videntur in autumno, que quidem nigredo significat super senes ex eis: hujus autem ratio est, quoniam coitus dat et infundit similitudinem suam in specie sua, simile autem egrediens ab omnibus membris generat vitam; et ideo multa ex vegetabilibus exiccantur cum semen producunt. Est etiam quoddam animal quod immediate moritur postquam generavit.

§. XXIII. MICHAEL SCOTUS, richtiger SCOTTUS.

Michael mit dem Familiennamen Scott, nicht etwa Scotus als wenn Schottland sein Vaterland gewesen wäre, wurde in England in der Grafschaft Durhamshire (Dunelmensis Comitatus) geboren, erhielt hier den ersten Unterricht, studirte dann zu Oxford Naturwissenschaften und bekam von seinen ausgezeichneten Kenntnissen in der Mathematik den Beinamen Mathematicus. Zu seiner weiteren Ausbildung begab er sich nach Paris und von da nach Toledo, wo er zu dem Griechischen und Hebräischen noch das Arabische erlernte und den grössten Theil seiner Schriften verfasste.

1. Im Jahre 1217 übersetzte er aus dem Arabischen ein astronomisches Werk des Ibn el-Bitrangí, der damals wahrscheinlich noch am Leben war, ins Lateinische; es führt in den Handschriften den Titel Liber Aven Alpetrandi und sonst wird der Name gewöhnlich Alpetragius geschrieben. Jourdain hat zuerst erkannt, dass dies Werk in dem Escurial-Codex 958 arabisch noch vorhanden sei, wo der Verfasser Nur ed-Dín el-Patrúgí heisst und Munk ergänzt dies dahin, dass er den Namen nach dem Orte Petroches, nördlich von Cordoba, führte und ein Schüler des Ibn Tufeil (÷ 581 Chr. 1185) war[1]). Handschriften sind zu Paris Cod. 16654. 17155.

----

1) S. Note sur Alpetragius appelé en arabe Abou Isḥák al-Bitrôdji in S. Munk, mélanges de philosophie Juive et Arabe. Paris 1859. pag. 218. Wenn Casiri sagt, dass er vom Christenthum zum Islam übergetreten sei, so muss diese Schrift wegen des Anfanges: In nomine Domini nostri Jesu Christi, vor seinem Übertritt geschrieben sein; Bedenken dagegen erregt der nur einem Muhammedaner zukommende Ehrentitel Nûr ed-Dín in dem Arabischen Original. — Aus demselben Orte stammte Abu Ga'far Ahmed ben Abd el-Rahman ben Muhammed el-Bitraugí, ein vielseitig gebildeter Gelehrter, der zu seiner Zeit in Spanien seines Gleichen nicht hatte und besonders in den Rechts-, Coran-, Traditions- und Geschichts-Wissenschaften so bewandert war, dass wenn er um etwas gefragt wurde, er die Antwort schon auf der Zunge hatte; nur die Arabische Sprache hatte er etwas vernachlässigt. Er starb am 27. Muharram 542 d. i. 28. Juni 1147 Chr. s. Tabacát el-Huff. XVI, 2.

Ibn Sinā hatte die drei Werke des Aristoteles über die Geschichte der Thiere in eine grosse Sammlung vereinigt, einzelne Theile umgestellt und in andere Reihenfolge gebracht, im Ganzen aber, wie Aristoteles, 19 Bücher gezählt. Diese wurden von verschiedenen Juden zu verschiedenen Zeiten aus dem Arabischen ins Hebräische und danach von Scott ins Lateinische übersetzt. Auch den Auszug, welchen Ibn Sinā aus seiner Sammlung gemacht und mit einigen eigenen Zusätzen versehen hatte, übersetzte Scott besonders, reiste mit diesen Werken nach Deutschland und überreichte sie dem Kaiser Friedrich II., welcher ihn zu seinem Astrologen ernannte.

2. Er schrieb für den Kaiser einige besondere Abhandlungen, wie Liber de physiognomia, quem compillavit M. Scottus ad preces domini Frederici Romani imperatoris, zu Oxford Coxe Pars III. Bibl. Canon. No. 555,2, öfter gedruckt, wie in der mir vorliegenden Ausgabe von 1495: Liber phisionomie mag. Michaelis Scoti, cum multis secretis mulierum. Ende: Michaelis scoti de procreatõe et hoĩs phisionomia opus explicit. Impressum Lypcik per Arnoldum de Colonia Anno nonagesimo quinto. Die Italienische Übersetzung ist betitelt: *Physonomia laqual compilo Maestro Michael Scotto, a preghi de Federico Romano Imperatore huomo de gran scientia. Et è cosa molto notabile, e da tenir secreta, pero che la à de grande efficacia e comprende cose secrete della natura, che basta ad ogni Astrologo. Et è diviso il ditto libro in quattro parte. Stampata in Vinegia 1533.* In der fast ganz gleich lautenden Überschrift ist der letzte Satz dahin berichtigt: *S. è diviso il ditto libro in tre parte et questo e il suo prohemio.*

3. Hierauf folgte Liber particularis Michaelis Scotti, astrologi domini Frederici Romae imperatoris, quem secundo loco breviter compillavit ad ejus preces. zu Oxford a. a. O. No. 555,1.

4. Ein drittes Werk hat im Druck die Aufschrift: Eximii atque excellentissimi physicorum motuum cursusque syderei indagatoris Michaelis scoti super auctorem sperae cum questionibus diligenter emendatis incipit expositio confecta Illustrissimi Imperatoris Dñi. D. Fedrici precibus. Bononiae regnante inclyto principe Domino D. Joanne secundo Bentivolo.

1495. Es ist klar, dass der Verfasser seiner Schrift diesen Titel nicht selbst gegeben hat, desshalb ist auch der Ausdruck super auctorem sperae — expositio etwas undeutlich; wenn man aber die Worte der Vorrede beachtet: *Causa efficiens est magr. Joannes de sacrobusto et alii compositores*, dann die Inhaltsangabe, die sich genau an Sacrobusto sphaerae mundi compendium anschliesst, und wie dann sogar daraus meistens die Anfangsworte der einzelnen Sätze angeführt werden, (am Rande ist desshalb öfter Text us beigedruckt,) so ist es unmöglich zu verkennen, dass obige Schrift ein Commentar zu diesem Compendium ist, wie schon Jourdain pag. 127 kurz, aber richtig angegeben hatte, was dann von Hauréau, nouv. biographie générale. Tome 35. Col. 365 ohne nähere Prüfung wieder in Zweifel gezogen wurde.

Später kehrte Scott nach Spanien zurück und fuhr dort die Werke der Araber und Griechen ins Lateinische zu übersetzen; die letzten Jahre verlebte er wieder in England, wo er am Hofe Eduard I. ein Amt bekleidet zu haben scheint, und starb hoch betagt, wie einige angeben erst im Jahre 1291 [1]).

5. Wir kehren zu Aristoteles Geschichte der Thiere zurück. Handschriften: Aristotelis de animalibus libri XIX interprete Michaele Scoto zu Paris Cod. 6788—92. Vergl. Camus, Notice des Mss. de la Bibl. nat. Nos 6788—92 et d'un Ms. de la bibl. de Sorbonne, contenant l'histoire des animaux d'Aristote, traduite en latin par Michel Scotus. In Notices et extr. des Mss. An. IX. Tome VI. pag. 387.

Handschriften des Auszuges: zu Oxford Coxe Pars I. Colleg. Merton. No. 227,5; 278,1: Aristotelis de animalibus libri novemdecim ex Arabico in Latinum translati per Michaelem Scotum ad Tholetum. — Pars II. Colleg. Omn. Anim. Cod. 27,2: Abbreviationes Avicennae in librum Aristotelis — latine versae per M. Scotum et Frederico II. Imperatori dicatae. — Pars III. Codd. Mss. No. 562; zu Paris Cod. 6443,5; zu Montpellier Bibl. des Départ. Tome I. pag. 304 No. 44.

---

1) Bale, Cent. IV. pag. 351. Cent. XIV. pag. 214. Pits pag. 374. Tanner pag. 525. Fabricii bibl. latin. Tom. V. pag. 75. Jourdain pag. 124.

Gedruckt: Avicēna de aīalibus per magistrū michaelē scotū de arabico in latinū translatus. s. l. c. a. Incipit liber de aialibus Avicēnae super libr. de aialibus Aristotelis trāslatus ab Arabico in latinū, per magistrum michaelem scotum, federice (sic) domine mundi Imperator, suscipe devote hunc librum Michealis scoti.

Auf diese Abbrevationes war ich beschränkt bei der Untersuchung der Frage, ob Scott diese Werke des Aristoteles aus dem Arabischen oder Hebräischen übersetzt habe, sie liefern aber Belege genug um zu beweisen, dass seine Übersetzung aus dem Hebräischen geflossen sei. Ich habe den gedruckten Text mit der Handschrift zu Leipzig Teller pag. 354, 28 (jetzt No. 1444) verglichen und einige Varianten derselben mit L bezeichnet. Bei der Vergleichung mit dem Griechischen Texte benutzte ich die Ausgabe Aristoteles Thierkunde von H. Aubert und Fr. Wimmer. 2 Bde. Leipzig 1868. — Eine grosse Menge von Wörtern, besonders Benennungen von Thieren, Pflanzen, Gliedmassen u. d. gl., wofür sich im Hebräischen kein geläufiger Ausdruck fand, ist bei der Übersetzung in ihrer Arabischen Form beibehalten und sehr viele davon ebenso ins Lateinische übergegangen, andere jetzt unverständliche Wörter beruhen auf Schreibfehlern, die schon auf das Arabische zurückzuführen sind. Zu den letzteren gehört z. B. Scott fol. 9ᵛ, 14 nabra (L. fabra), welches nach Arist. Lib. V. §. 36 θέννος Thunfisch bedeuten soll; dies erklärt sich leicht, wenn man sich nabra arabisch نبر aus تن verschrieben denkt. Daselbst steht in mari caccoz (L. Kacoz) d. i. ἐν τῷ Πόντῳ, im Hebräischen giebt ככם keinen Anhalt für die Erklärung, während فقس leicht aus فنتس entstehen konnte. Entschieden auf das Hebräische zurückzuführen ist der bisher unerklärte Name Antiseus; setzt man für n נ ein k כ, also im Anfange Akt statt Ant, so kommt man sogleich auf Ktesias, indem den ausländischen, namentlich Griechischen Wörtern, welche mit zwei Consonanten anfangen, in der Regel ein A vorgesetzt wird, wie Platon und Aflaton; im Arabischen wäre eine Verwechselung des ك k mit ن n nicht denkbar. Einen weiteren Beweis für die Identität der Namen will ich nicht schuldig bleiben; Antiseus steht bei Scott fol. 3ᵛ,27 für Ktesias in demselben Satze,

welcher von den Herausgebern Aristot. Lib. II. §. 28 als unächt ein-
geklammert ist, also doch schon in der Griechischen Handschrift stand,
aus welcher die Arabische Übersetzung gemacht wurde[1]). In demselben
Satze ist dann μαρυχόρας durch boritus (L. baritus) wiedergegeben, eine
starke Verkürzung, deren Anfang sich indess aus den Hebräischen Consonanten ברת anstatt מרת leichter erklärt, als aus dem Arabischen ؟ statt
٥. Hinter diesem §. hat Ibn Sînâ noch einen Zusatz (& dico ego), dass
dieses Thier, wenn es ein solches gäbe, weder albabar الببر noch rochus
رخّ (zwei fabelhafte Thiere) sein könne u. s. w. — Wenn σελάχη durch
celete wiedergegeben ist, Sc. fol. 2ᵃ.23 und öfter, so vermuthet man,
dass את mit הt verwechselt wurde, im Arabischen haben خ und ح keine
Ähnlichkeit.

Aristot. Lib. II. §. 15 „Das Kamel hat ein Würfelbein ἀστράγαλον
dem Rinde ähnlich". Sc. fol. 3ᵃ,4 v. u. *Et cohab (L. chahab) cameli est
sicut cohab equi* (statt *boris*). Albertus M. Lib. II. Tract. I. Cap. 2.
Opera Tom. VI. pag. 100: *δ· in utroque pede est cahab sive calcaneus δ·
hoc est simile calcaneo vaccae.* קהב oder (da das Arabische ع im Hebr.
und Latein. oft mit h wiedergegeben wird) קעב ist kein Hebr. Wort
und Scott musste es in der Latein. Aussprache beibehalten; hätte er
einen Arabischen Text mit كعب vor sich gehabt, so wäre er nicht
zweifelhaft gewesen dasselbe durch *talus* zu übersetzen. Auch an anderen Stellen ist *al-Kahab* stehen geblieben, z. B. fol. 45; der ebenso
geschriebene Name كعب *Ka'b* erscheint immer als *Kahab*. Gleich darauf
heisst es über den gespaltenen Huf im Griechischen: Es ist etwas *u*
zwischen den beiden getrennten Theilen, wie bei den Gänsen; bei Scott:
δ· fissura sua habet pellem in medio sicut est in paca anseris. Hier war

---

1) Wie Albertus M. Lib. VII. Tract. II. Cap. 4. Opera ed. Jammy Tom. VI.
pag. 234 dazu gekommen ist, Ktesias zu einem Dichter zu machen und ihm schon
damals ein solches Zeugniss auszustellen *Anthisens poeta, licet in multis sit homo
mendax, cujus dictis non est adhibenda fides,* mögen andere untersuchen, ebenso wie
er den Namen weiter entstellt hat in *poeta Alchisor* Lib. III. letzter Satz; denn
dass hierunter ebenfalls Ktesias gemeint ist, geht hervor aus der Parallelstelle Aristot. Lib. III. §. 109.

wieder מכא hebräisch nicht verständlich und wurde nach der Aussprache
beibehalten, während in einem Arabischen Texte قشّ membrana einem
des Arabischen kundigem hätte bekannt sein müssen.   Auch Albertus
M. verstand es nicht und suchte sich durch eine Umschreibung zu
helfen: *sed digitos fissos in illis pedibus conjungit corium, sicut quod est
inter digitos anseris divisos*; da im Griechischen nichts von *corium* oder
pellis steht, so müssen beide Übersetzer sich nach dem Hebräischen gerichtet haben. — *Bacecam* Scott fol. 9ᵛ,29—30 entspricht dem Griechischen *κόττυφος* Aristot. Lib. V. §. 42 und wäre nach der gewöhnlichen
Verkürzung des Arabischen *abu* in *bu* hebräisch zu lesen *baccaia* d. i.
ابو زَيّ Schreivogel Drossel oder Amsel.

Um eine Übertragung aus dem Hebräischen wahrscheinlich zu
machen, hat man auch bei anderen Schriften besonders auf das Vorkommen des ה *ha* oder הל *hal* als Artikel geachtet, und hiervon finden
sich bei Scott mehrere Beispiele, wenn gleich auch der Arabische Artikel
al öfter beibehalten ist. Unverkennbar entspricht die Stelle bei Arist.
Lib. I. §. 14 über *νυκτερίς* der bei Scott fol. 2ᵛ,6 v. u. *nicticorax qui
dicitur hebum* (L *helbum*) und dies kann nichts anderes sein als הבום,
הלבום, wofür der Übersetzer sicher *albûm* gesetzt haben würde, wenn ihm
das Arabische البوم vorgelegen hätte. Und hiermit kommen wir zum
Schluss an die Stelle, aus welcher vorzugsweise von der einen Seite der
Hebräische, von der anderen der Arabische Ursprung gefolgert ist. Mit
richtigem Takt hatte Camus, ohne Orientalist zu sein, herausgefühlt,
dass Scott seine Übersetzungen des Aristoteles nicht aus dem Arabischen,
sondern aus dem Hebräischen gemacht habe; Jourdain vertheidigte
die entgegenstehende Ansicht, Leclerc neigt sich mehr der Meinung
Camus zu, aber keiner von ihnen hat aus den fraglichen Worten das
Richtige herausgelesen. Es handelt sich in dem Satze bei Aristoteles
Lib. I. §. 59, verglichen mit Scott's noch ungedruckter Übersetzung in
dem Commentare des Ibn Roschd, um das Arabische oder Hebräische
Wort für *μηλη* Kniescheibe. Camus hat zuerst die Stelle nach den
Pariser Handschriften mitgetheilt: *In inferiori corporis sunt coxae, deinde
genua et super genua est os, quod dicitur ebraice lûm genu*; in einer

anderen Handschr. steht *haddaice* anstatt *ebraice*, in einer dritten *haddaice liñ genu*. Wenn man darin anstatt „Hebräisch" den Namen einer anderen Sprache sucht, so sucht man freilich vergebens. Jourdain stellte dem gegenüber die Übersetzung des Albertus M. Opera Tom. VI. pag. 75ᵇ, Lib. I. Tract. II. Cap. 26: *os quod arabice vocatur addaicon. quod significat limen genu*; in einer anderen Handschr. *haddaicen*, und Jourdain wollte hieraus den Arabischen Ursprung folgern, indem er das Wort für ein zusammengesetztes hielt, dessen erster Theil *hadd* ‏خد‎ *limen* sei, den zweiten Theil wusste er nicht zu deuten. Es war mir nach kurzem Besinnen nicht zweifelhaft, dass hier ein Schreibfehler vorliege, der sich aus dem mit Hebräischen Buchstaben geschriebenen Arabischen Worte leicht erklären lasse und dass Albertus M. recht hatte, wenn er das *ebraice* mit *arabice* vertauschte, sobald er das *h* des Hebr. Artikels wegliess. Statt *haddaice* ‏הראיכה‎ oder ‏הראיסה‎ ist ‏הדאירה‎ *haddäire* zu lesen, arabisch *ad-däire* ‏الدائرة‎ *orbis* i. e. *limen genu*: auch im Lateinischen ist orbis genuum ein classischer Ausdruck, wie in Ovid. Metamorph. Lib. VIII. v. 807—8 genuumque rigebat orbis. Es ist nicht anzunehmen, dass *haddaice* aus dem Arabischen ‏الدائرة‎ entstanden sei, da hier der Fehler zu leicht erkennbar gewesen wäre. Nachdem ich diese Entdeckung gemacht hatte, wurde ich nicht wenig überrascht, sie durch Scott selbst bestätigt zu finden; in den Abbreviationes des Ibn Sînâ fol. 43ᵛ,3 v. u. hat er übersetzt: *Et suum anterius est compositum cum rotula & est lumen* (L. *luñ* für *limen genu*, mithin dasselbe Wort wie im Französischen rotule Kniescheibe. Hier gebraucht also Scott sogleich den richtigen Ausdruck, da er im Hebräischen das Wort richtig geschrieben fand, und man kann daraus folgern, dass er die Abbreviationes später übersetzte als das vollständige Werk mit dem Commentare des Ibn Roschd.

Wir glauben, dass diese Beispiele genügen um zu beweisen, dass Scott die historia animalium nicht aus dem Arabischen, sondern aus dem Hebräischen übersetzt hat, und betrachten es als eine ungenaue Angabe, wenn nicht Täuschung, dass er in die Aufschrift setzte translatus ab Arabico in Latinum. Als ein untergeordnetes, aber nicht zu unter-

14 *

schätzendes Moment kommt noch hinzu, dass schon seine Zeitgenossen Hermannus Alemannus und Roger Bacon ihn in den Verdacht gebracht haben, dass er sich jene Übersetzungen angeeignet habe, da sie vielmehr von einem Juden Namens Andreas angefertigt seien [1]).

6. Man mag das Urtheil Bacon's für einseitig oder parteiisch halten, es bleibt immerhin sehr auffallend, dass ausser der eben bezweifelten Angabe bei keinem anderen Werke, in keiner Handschrift sich der Nachweis findet, dass Scott aus dem Arabischen übersetzt habe, und noch auffallender, dass bei einigen ihr Ursprung aus dem Griechischen angegeben ist, z. B. auf dem einzig erhaltenen Schlussblatt aus der Ethik des Aristoteles zu Staint-Omer, Bibl. des Départ. Tome III. pag. 272. No. 620 Note: Explicit nova Ethica Aristotelis, quam transtulit mag. Michael Scottus de greco eloquio in latinum; ebenso Aristotelis de coelo et mundo liber primus — de greco in latinum, ein Fragment von Michael Scottus, zu Saint-Omer l. l. pag. 259. No. 593. Hier tritt aber der Fehler sofort in die Augen in der vollständigen Überschrift des Pariser Codex 14385: Prologus commenti super librum celi et mundi quem commentatus est Averois phylosophus in greco et Michael Scotus transtulit in latinum; vergl. Catalog. Mss. Angl. Tom. II. pag. 11. No. 463. Es sind also nicht die Schriften des Aristoteles selbst gemeint, sondern die Commentare darüber von Ibn Roschd, und dass diese nicht aus dem Hebräischen, sondern aus dem Arabischen übersetzt sind, möchte um desto sicherer sein, als mehrere derselben erst aus dem Lateinischen, wahrscheinlich nach Scott, von einigen jüngeren Zeitgenossen desselben ins Hebräische übertragen wurden.

Als von Scott übersetzt werden besonders genannt die Schriften de anima, de generatione et corruptione, de substantia orbis und de sensu

---

1) R. Bacon, Opus majus, Praefatio pag. 5: *Michael Scotus, ignarus quidem & verborum & rerum, fere omnia, quae sub nomine ejus prodierunt, ab Andrea quodam Judaeo mutuatus est.* Auch an anderen Stellen beklagt es Bacon, dass die Lateinischen Übersetzungen der Griechen (aus dem Arabischen) entsetzlich fehlerhaft, oft ganz unverständlich seien.

et sensato, welche in einigen Handschriften vereinigt vorkommen, z. B. zu Oxford Coxe Pars I. Colleg. Balliol. No. 112 und 114. Colleg. Merton. No. 282. Die Specimina, welche Jourdain nach den Pariser Handschriften gegeben hat, zeigen, dass es von einigen dieser Schriften verschiedene Recensionen der Übersetzung aus dem Arabischen in das Lateinische giebt; der von ihm Pag. 419 mitgetheilte Anfang des Liber de anima stimmt mit dem Text in den Ausgaben der Opera Aristotelis cum comenent. Averrois überein, indess scheint dieser Codex den Commentar nicht zu enthalten.

§. XXIV. FARAG gen. FARAGUT.

Farag ben Sâlim, ein Jude aus Agrigent, dessen Name in Faragut oder Ferregut entstellt ist, hatte in Salerno Medicin studirt und sich auch mit dem Arabischen beschäftigt. Karl von Anjou (seit 1266 König von Neapel und Sicilien, durch die Hinrichtung des letzten Hohenstaufen Konradin (1268) und durch die Sicilianische Vesper (1282) berüchtigt, gest. 1285) hatte das grosse medicinische Werk des Râzi el-hâwi Continens, welches bis dahin in Europa noch nicht bekannt war, als besonders wichtig rühmen hören und schickte eine besondere Gesandtschaft von Gelehrten von Salerno aus nach Tunis, um sich von dem dortigen Herrscher ein Exemplar zu erbitten. Dass Farag dieser Gesandtschaft angehört habe, lässt sich nicht erweisen, aber ihm wurde die Übersetzung übertragen und er überreichte die fertige Arbeit dem Könige in Neapel am 13. Febr. 1279. Nachdem sie von einer dazu beorderten Anzahl von Ärzten aus Neapel und Salerno geprüft und approbirt war, liess der König eine prachtvolle Abschrift davon machen, welche aus der Sammlung Colberts stammend noch in der öffentlichen Bibliothek zu Paris Codex 6912 aufbewahrt wird. Auch das Werk Taewim el-abdân, eine tabellarische Übersicht der Krankheiten von Ibn Gazla, dedicirte Farag dem Könige Karl.

1. Die erste ohne Titel gedruckte Ausgabe des Râzi hat die Unterschrift: Explicit liber XXV elhavi ·i· cōtinētis in medicina que composuit Bubikir zacharie errasis filius, traductus ex arabico in latinu p·

magistrū Feragiū medicum salerni jussu excellentissimi regis Karoli. Brixiae 1486.

2. Des Abu 'Alí Jaḥjá Ibn Gazla Buch Tacwîm el-abdân d. i. Tabula corporum ist handschriftlich zu Oxford Coxe Pars II. Colleg. Mar. Magd. No. 152: Liber qui dicitur Tacuinum sive de morbis variis eorumdem curatione, in tabulas quadraginta sex distinctus, olim per peritum phisicum Berhabyya Bingozla Arabice scriptus, sed modo per mag. Feragium Judaeum fideliter in Latinum translatus. Schluss: Explicit Tacuinum Dei excelsi adjutorio nealiter de Arabico in Latinum translatum, die II. Marcii VIII. indiccionis (1280) per manus mag. Faragii supradicti ad opus regis excellentissimi Karoli supradicti. Zu Breslau Henschel Pars I. No. 12. Pars II. No. 241; zu Leipzig Feller pag. 265 (jetzt No. 1175); pag. 262 (jetzt No. 1177); zu Oxford Coxe Pars II. Colleg. Corp. Chr. No. 75; in den beiden letztgenannten Handschriften ist durch Verwechslung mit dem anderen Tacwîm als Verfasser Elbuchaser und Elluchasem Elimithar entstellt aus Abul-Ḥasan el-Muchtâr angegeben. Ausgabe: Tacuini aegritudinum et morborum fere omnium corporis humani cum curis eorunden Bahahylyha Byn-gezla autore. Christianissimo regi Carolo ejus nomine primo nuncupati. Argent. 1532. Wie daraus eine Dedication an Karl den Grossen geworden ist, lässt sich noch verfolgen. Im zweiten Satze der Vorrede heisst es: *Et constructum est — per philosophum clarissimum, senem peritum Buhahylyha Bingezla physicum, in idiomate Arabico, ad opus camerae regis excellentissimi Caroli, totius fidei christianae coronae et luminis peritorum, quod de mandato ejusdem Regis per magistrum Ferragum Judaeum fidelem ejus, ad opus camerae ejus felicis, nec minus ad utilitatem communem omnium christianorum est translatum.* Daneben ist an den Rand gedruckt *Autor operis* und *Caroli magni decretum* und der Herausgeber Ad. Otto sagt in seiner Zuschrift an den Verleger: *Autor ille vetustus (nam sub Imp. Carolo scripsit).* Endlich ist die Verwechslung mit Karl von Anjou dahin vervollständigt, dass der Verfasser und der Übersetzer zu zwei Jüdischen Leibärzten des Kaisers Karl d. Gr. gemacht sind! Bulaeus, historia universit. Parisiensis Tom. I. pag. 143: *Ferraguthum & Buhahyliham*

Bingeslam Judaeos Medicos suos viros etiam Doctos ad scribendum Tacui-norum librum, seu sanitatis tabulas, quarum usus etiamnum est hodie in Medicina, compulit.

Der Titel ist dem älteren Werke Tacwin el-çihha nachgebildet, d. i. Tabellarische Übersicht der Gesundheit, nämlich über Anwendung und Wirkung der Speisen und Getränke, von Abul-Hasan el-Muchtâr ben el-Hasan ben 'Abdûn Ibn Butlân aus Bagdad, dessen Name in den Handschriften entstellt ist in Elbuchaser Elmuchari (oder Elluchasim Elmithar) filii Habadun filii Bucillan medici de Baldach Tacuynum sanitatis, seu de sex rebus naturalibus ad quotidianam conservationem sanitatis necessariis, zu Leipzig Feller pag. 258, 30 (jetzt No. 1127 ; zu Paris Cod. 6977. 9333. 10264; gedruckt Tacuini sanitatis Elluchasem Elimithar — Argentor. 1531. Wegen der Ähnlichkeit der Titel hat man angenommen, dass auch dieses Buch von Farag übersetzt sei, was sich aber nicht erweisen lässt; man kann nur vermuthen, dass es früher übersetzt wurde und dass Farag im Gegensatz zu *Tacwin sanitatis,* welches dem Arabischen entspricht, seine Übersetzung *Tacwin aegritudinum* betitelte, was zwar dem Inhalte des Buches, aber nicht den Arabischen Worten des Titels entspricht.

Nach den Untersuchungen von Steinschneider kommen unter dem entstellten Namen Franchius oder Franchinus und Ferrarius noch folgende zwei Übersetzungen des Farag vor:

3. Das dem Galenus untergeschobene Buch De medicinis experimentatis, sive experimentatio medicinalis, e graeco sermone in arabicum a Johannicio (Hunein) & ex arabico in latinum a Magistro Franchino conversa, zu Paris Cod. 6893,4; es ist in die Opera Galeni ed. Charter. Tom. X. pag. 561 aufgenommen. Das Arabische Werk im Escurial Codex 846 Galeni tractatus de experimentis medicis, ex Honeini versione, kann nicht das Original von jenem sein, weil nach Casiri in diesem auch Arabische Ärzte wie Ibn Maseweih, Abu Ma'schar, Ibn Sina genannt werden, welche in der Lateinischen Übersetzung nicht vorkommen.

4. Jahjâ ben Maseweih. Joannis Mesuae chirurgia, quam Ferra-

rius Judaeus Chirurgus ex arabico sermone in latinum transtulit; zu
Paris Cod. 7131,10.

§. XXV. GUILIELMUS DE MORBEKA

aus dem Orte Mörbeke oder Merbeke in Ostflandern gebürtig, war
in den Orden der Dominikaner eingetreten und hatte sich eifrig mit
philosophischen und naturwissenschaftlichen Studien beschäftigt. Das
Griechische lernte er während eines längeren Aufenthalts in Griechenland fertig sprechen und auch im Arabischen erwarb er sich gute Kenntnisse. Nach Italien zurückgekehrt trat er in den besonderen Dienst
des Papstes Clemens IV. als dessen Caplan und Pönitentiar und war
bei ihm im J. 1268 während seines Aufenthaltes in Viterbo und versah
diese Stelle auch unter Gregor X., den er im J. 1274 zu dem Concil
nach Lyon begleitete, wo er mit dem Griechischen Patriarchen und den
Griechischen Erzbischöfen in der Messe Griechisch sang. Im J. 1278
wurde er zum Erzbischof von Corinth ernannt und er starb dort vermuthlich vor dem J. 1300. Er soll ausser anderen Werken sämmtliche (?)
Schriften des Aristoteles aus dem Griechischen ins Lateinische übersetzt haben; einige derselben sind in den Handschriften aus Viterbo
vom J. 1268 und 1277, andere aus Corinth vom J. 1280 und 1281
datirt[1].

Die im Mittelalter allgemein dem Aristoteles zugeschriebene Schrift
De Causis, welche schon in der ältesten Lateinischen Ausgabe der Opera
Aristotelis Venet. 1496 Fol. 380—385 abgedruckt ist, hat den Farabi
zum Verfasser und ist unter dem Titel De bonitate pura, wie sie auch
in den Handschriften öfter bezeichnet wird, wahrscheinlich durch Gerard
von Cremona aus dem Arabischen ins Lateinische übersetzt, vergl.
§. XIII, 35. Hierzu schrieb Thomas von Aquino einen Commentar
Thom. Aquin. Opera Tom. XXI. Parmae 1866. pag. 717, wobei er das
Buch des Proclus Diadochus, Elevatio theologica viel benutzt und
häufig citirt hat; zugleich bemerkt er gleich anfangs pag. 718, dass

---

1) Vergl. §. XVI. — Quétif Tom. I. pag. 388.

Proclus [Proculus] „bekanntlich" aus dem Arabischen übersetzt sei. *Et in graeco quidem invenitur, scilicet traditus liber Proculi Platonici, continens ducentas et novem propositiones, qui intitulatur Elevatio theologica. In arabico vero invenitur hic liber, qui apud Latinos de Causis dicitur, quem constat de arabico esse translatum, et in graeco penitus non haberi. Unde videtur ab aliquo philosophorum arabum ex praedicto libro Proculi excerptus, praesertim quia omnia, quae in hoc libro continentur, multo plenius et diffusius continentur in illo.* — Die Arabische Übersetzung war von Abu 'Othmân el-Dimaschkí, s. Ḥaǵi Chalfa Lex. bibl. No. 10005 und Guilielmus de Morbeka übertrug das Buch ins Lateinische; zu Oxford Coxe Pars I. Colleg. Ball. No. 113,2 Procli Diadochi Lycii, philosophi Platonici, elementatio theologica, interprete Guilielmo de Morbeka. Schluss: Completa fuit translacio hujus operis Viterbi a fratre G. de Morbecha XV. Kal. Junii A. D. 1268; zu Cambridge Catalog. Mss. Angl. Tom. 1. Pars III. pag. 147 No. 1679; zu Paris Cod. 16097. Es würde nur noch darauf ankommen, die Citate bei Thomas mit den Handschriften dieser Übersetzung des Morbeka zu vergleichen.

§. XXVI. WITELO THURINGO-POLONUS.

s. Sur l'orthographie du nom et sur la patrie de Witelo (Vitellion). No*o par Max. Curtze. In Bullettino di bibliografia e di storia delle scienze matemat. e fisiche. Tomo IV. Roma 1871. pag. 49.

Witelo war ein geborner Pole, da er selbst in seiner Optica pag. 467. Lib. X. §. 74 sagt: in nostra terra, scilicet Poloniae, und dass er sich als filius Thuringorum et Polonorum bezeichnet, ist von Einigen so erklärt, dass seine Mutter aus Thüringen stammte; Andere kehren mehr wahrscheinlich das Verhältniss um, so dass sein Vater aus Thüringen nach Polen gekommen sei und dort eine Polin geheirathet habe. Er kam dann nach Italien und deutet darauf hin, dass er in dem klaren Wasser einer unterirdischen Grotte bei Cubalus optische Beobachtungen gemacht habe; Optica pag. 440 Lib. X. §. 42: *Sed forte si aqua fuerit clara valde & pauca, quales aquas in loco subterraneo in concavitate montis, qui est inter civitates Paduá & Vincentiá qui locus dicitur Cubalus nos*

vidimus lucidas, quasi ut aerem. Aus besonderer Vorliebe durchsuchte
er die Bibliotheken nach mathematischen und optischen Schriften und
studirte die Werke der Griechen und Araber, und nachdem er in Rom
mit Guilielmus de Morbeca bekannt geworden war, (Risner schreibt
immer Morbeta.) wurde er durch diesen, welcher durch seine Amtsge-
schäfte zu sehr in Anspruch genommen war, um selbst eine solche
Arbeit unternehmen zu können, veranlasst, die Optica des Abu 'Alí
Muhammed ben el-Ḥasan Ibn el-Heitham (entstellt Alhazen genannt
vergl. §. XIII. 32) aus dem Arabischen ins Lateinische zu übersetzen.
Ein grösseres Werk de ordine entium, womit er beschäftigt war, legte
er vorläufig bei Seite und überreichte im J. 1269 seinem Freunde und
Gönner seine Übersetzung, welche er dann in einer eigenen Bearbeitung
Opticae libri decem mit Benutzung der Griechen in eine andere Form
umgestaltete. In der Vorrede zu der letzteren sagt er über die erste:
*Libros itaque veterum tibi (Guilielmo) super hoc negotio perquirenti, occurrit
taedium verbositatis arabicae, implicationis graecae, paucitas quoque exara-
tionis latinae, praesertim quia tibi commissum officium poenitentiariae romanae
ecclesiae, cujus curae partem geris, credens plus intellectu practico quam
speculativo poenitentibus succurrere, te cohibuit a multitudine videndorum, —
meque putans vacare otio, sub amoris nexu, quo tibi conjungor, voluisti
constringere, ut hoc laboris tibi placiti onus subirem, hisque materiis mihi
nondum cognitis animum applicarem. At ego, qui cunctis jussionibus tuis
obtemperare desidero, velle tuum suscipiens pro mandato, majoris negotii,
quod de ordine entium olim conscribendum susceperam capitulam, in tempus
senorii, praesentisque operis dispendium pro meae possibilitatis viribus (quibus
hic impar, fateor) adii conscribendum.* — Man wird dies nicht für einen
Betrug halten wollen und desshalb kann wenigstens diese Übersetzung
nicht von Gerardus Cremon. sein. In den Handschriften hat das Werk
den Titel De aspectibus, zu Oxford Coxe Pars II. Colleg. Corp. Chr.
No. 150; oder De perspectiva, zu Cambridge Catal. Mss. Angl. Tom. I.
Pars III. pag. 148 No. 1685; zu London ibid. Tom. II. pag. 27 No.
1111; pag. 245 No. 8442; pag. 246 No 8510; zu Paris Cod. 7247.
Die Gesammtausgabe ist betitelt: Opticae thesaurus Alhazeni Arabis

libri septem, nunc primum editi. Ejusdem liber de crepusculis & Nubium ascensionibus. Item Vitellonis Thuringopoloni libri X. Omnes instaurati, figuris illustrati & aucti, adjectis etiam in Alhazenum commentariis, a Federico Risnero. Basileae 1572. — Das hier erwähnte Liber de crepusculis & Nubium ascensionibus pag. 283—288 ist von Gerardus Cremonensis übersetzt; s. §. XIII. 32.

Zur Aufklärung ist hier folgendes einzuschalten. In der Geschichte der Ärzte S. 77 habe ich nach Ibn Abu-Oçeibia gesagt, dass Ibn el-Heitham „jedes Jahr" drei mathematische Werke abschrieb und der Erlös von 150 Dinaren zu seinem Unterhalte hinreichte. Steinschneider, Encyclop. d. Wiss. II. Sect. Bd. 31. S. 51 bemerkt darüber: diese Mittheilung hat Ibn Abi Oscibia oder Wüstenfeld offenbar missverstanden; nicht „jedes Jahr", sondern in einem Jahre u. s. w. Mit Verweisung auf diese Stelle wird daraus schon in Steinschneider's Abhandlung „die mittleren Bücher der Araber", Zeitschr. f. Mathem. u. Phys. 10. Jahrg. 1865 S. 459 „die irrige Auffassung bei W." — ist berichtigt. Wir wollen sehen, auf welcher Seite der Irrthum liegt. Ibn Abu Oçeibia erzählt dies zweimal, zuerst nach der Überlieferung eines Geometers Namens Keisar ben Abul-Kâsim el-Hanefi, welcher nur zwei Bücher erwähnt, Euklid und Almagest, die Ibn el-Heitham abschrieb:

فكان يكتب فى كل سنة اقليدس والمجسطى وببيعهما وبقتدت من ذلك وهم تزل عنده حته حتى توفى

Das wird auch St. nicht anders übersetzen können, als „in jedem Jahre" — bis er starb. Die zweite Stelle hat Ibn Abu Oçeibia aus el-Kifti entlehnt, sein Text ist aber hier und auch sonst vollständiger, als der von Casiri abgedruckte. Es wäre denkbar, dass der Abschreiber des Escurial-Codex hier und da etwas ausgelassen habe, im anderen Falle müsste Ibn Abu Oçeibia zum richtigen Verständniss den Text etwas erweitert haben und er lautet bei ihm vollständig: وذكر لى يوسف القاضى الاسرائيلى الحكيم بحلب قل سمعت ان ابن الهيثم كان ينسخ فى مدة سنة ثلثة كتب فى ثمن اشتغال وهى اقليدس والمتوسطت والمجسطى ويستكملها فى مدة سنة فاذا شرع فى نسخها جاءه من يعنيد فيها سنة وخمسين دينارا معربنة وصار له ذلك كارسم الذى لا يحتاج فيه الى موارد ولا معدودة فول يجعلب مونته لسنة وهم يزل على ذلك الى ان مات

Dies kann doch auch nichts anderes heissen, als dass Ibn el-Heitham jedesmal in dem Zeitraume eines Jahres die Abschrift vollendete und der Erlös daraus für seinen Unterhalt auf ein Jahr hinreichte, sodass er dadurch gegen Mangel geschützt war und andere nicht um Unterstützung anzusprechen brauchte, und dies währte so lange bis er starb. Nur so hat das Ganze einen Sinn, denn der Erlös einer einmaligen Abschrift würde doch nicht für viele Jahre hingereicht haben.

15 *

Wo ist nun die irrige Auffassung? Ferner soll ich bei dem erwähnten Jûsuf weggelassen haben „el-Israili (der Jude)“, während S. 120—121 bei diesem Namen gedruckt zu lesen ist „jüdischer Arzt“. Dieser Jûsuf wird von el-Kifṭi „el-Nâschi
الناشي“ genannt, wozu St. נשׁיא setzt; bei Ibn Abu Oçeibia heisst er statt dessen
الفاسي el-Fâsî, aus Fez, was viel besser zu seiner Abstammung aus Magrib passt
und womit Ḥaǵi Chalfa Tom. IV. pag. 438 „Mauritanus ex urbe Fez“ übereinstimmt,
d. h. aus demjenigen Theile von Magrib, worin Fez die Hauptstadt war, da es genauer heissen sollte, dass er in Sebta (Ceuta) geboren war.

§. XXVII. SIMON JANUENSIS richtiger GENUENSIS.

Simon aus Genua war Arzt des Papstes Nicolaus IV. (reg. 1288—
1292) und Subdiacon unter dessen Nachfolger Bonifacius VIII. (reg.
1293—1304) und hat sich durch ein selbständiges Werk über Arznei-
mittellehre, worin er die bei den Griechen, Lateinern und Arabern vorkommenden Namen der Heilmittel besonders aus dem Pflanzenreiche in
alphabetischer Ordnung unter dem Titel *Synonyma medicinae* gesammelt
und beschrieben hat, als einen eifrigen und umsichtigen Forscher bekannt gemacht. Daneben hat er zwei Werke aus dem Arabischen
übersetzt.

1. Liber Serapionis aggregatus in medicinis simplicibus. Translatio Symonis Januensis interprete Abraam Judeo Tortuosiensi de arabico
in latinum, gedruckt mit dem Breviarium Johannis filii Serapionis. Venetiis 1497. Handschriften zu Oxford Coxe Pars I. Colleg. nov. No.
168,7; Pars II. Colleg. Omn. Anim. No. 70; zu Paris Cod. 6896—6900;
zu Lyon Bibl. des Départ. Tome I. pag. 221 No. 418. Die Fassung
des Titels giebt zu erkennen, dass Simon diese Übersetzung in Gemeinschaft mit einem Spanischen Juden Abraham aus Tortosa, über welchen
nichts weiter bekannt ist, gemacht hat, indess lässt sich der Beweis
nicht führen, dass Abraham das Werk erst aus dem Arabischen ins
Hebräische und Simon daraus ins Lateinische übersetzt habe, wenn
man auch zugeben kann, dass Simon damals noch sehr schwach im
Arabischen gewesen sein mag. Die Überlegenheit des Juden, welcher
dagegen des Lateinischen nicht ganz mächtig sein mochte, zeigt sich

darin, dass viele Ausdrücke und mehrere Namen aus dem Arabischen mit Lateinischen Buchstaben nach ihrer Aussprache im Spanischen vorkommen, z. B. gu für و w wie *Alguesegues* الوسوس *al-weswes* inquietudo, das Sprechen im Schlaf; *guassamabras* وزغة سم ابرص *wazga-sâm-abraç* stellio, lacerta gecko; x für ش sch wie *xebeth* شبت anethum; *xaieralmerien* شجر مريم *scha'gar Mirjam* arbor Mariae mit dem Artikel *al* in der Mitte, welcher sonst vor dem Namen Mirjam nicht gebräuchlich ist; *xamim* im Druck entstellt aus xahniz, da das Zeichen für z und Schluss-m in Handschriften oft gleich ist ز, شبنيز *schahniz* nigella; *xahaer* شعير *scha'îr* hordeum; die Namen *Abix* oder *Habix* d. i. Habisch richtiger Ḥubeisch; *Xarcha* d. i. Scharaka der Inder; c vor i für چ ch wie *ciarxamber* خيارشنبر *chijâr schamber* Cassia fistula; ç für ز z wie Açaravi d. i. el-Zahrâwî, durch dessen Erwähnung, beiläufig gesagt, Serapion wahrscheinlich um 50 Jahre weiter hinabgesetzt werden muss, als man bisher angenommen hat, etwa 1120 anstatt 1070.

2. Durch das Zusammenwirken dieser beiden Männer ist auch die Übersetzung entstanden: Liber Servitoris id est liber XXVIII. Bulchasin benaberaçerin translatus a Simone Januensi interprete Abraham Judeo Tortuosiensi. Finis libri Servitoris de praeparatione medicinarum simplicium; in der Sammlung der Opera Mesue. Venet. 1538. Handschriftlich zu Paris Cod. 10236, sonst auch unter dem Titel De aptatione et repressione medicinarum atque sublimatione earundem, zu Basel Haenel Col. 658; zu München Cod. 257; von einigen wird das Buch fälschlich dem Serapion beigelegt, zu Oxford Coxe Pars III. Bibl. Canon. No. 250,4; zu Breslau Henschel Pars II. No. 188—190; zu München Cod. 14329. Es ist nicht zu bezweifeln, dass der entstellte Name des Verfassers zu lesen ist Abul-Kâsim ben 'Abbâs el-Zahrâwi und dass dieses Buch das 28ste seines grossen Werkes el-Taçrîf bildet. Es finden sich darin Ausdrücke, welche eher auf eine Arabische, als auf eine Hebräische Vorlage schliessen lassen, z. B. *quod vocatur arabice*, oder *Omne amarum appellatur apud arabes alchum* lies *al-chamṭ* الحمض. Da ein grosser Theil von dem Verfasser aus Dioscorides genommen war, so kommen in der Übersetzung verhältnissmässig wenig Wörter vor, welche

aus dem Arabischen beibehalten sind, bei deren Wiedergabe auch hier immer ç für ز z gesetzt ist; einen Hebräischen Anschein haben diese Wörter nicht, obgleich zu jener Zeit schon Hebräische Übersetzungen des Werkes in Spanien vorhanden waren.

§. XXVIII. MARCUS TOLETANUS.

Über diesen Marcus ist weiter nichts bekannt, als dass er Canonicus zu Toledo war und ausser dem Koran einige Schriften des Galenus nach der Arabischen Übersetzung des Hunein (Joannicius) ins Lateinische übertragen hat. Da Handschriften hiervon dem XIV. Jahrhundert angehören, so setzt man sein Zeitalter wohl richtig ans Ende des XIII. Jahrhunderts.

1. Der Koran zu Wien. P. Lambecii Comment. de biblioth. Caesar. ed. Koller. Tom. II. pag. 918 Cod. 408. 409: Volumina duo, quorum altero continetur Alcoranum Muchammedis Arabica lingua elegantissime scriptum & auro passim exornatum; altero autem Translatio Alcorani latina per Marcum Canonicum Toletanum; zu Turin Montfaucon Tom. II. pag. 1393; zu Paris Cod. 3394. 14503, wo noch eine Secunda translatio Alchorani per Petrum Toletanum vorkommt.

2. Liber Galieni de tactu pulsus, quem transtulit Johannicius (Hunein) de greco in arabicum et Marcus Toletanus de arabico in latinum, zu Montpellier Bibl. des Départ. Tome I. pag. 290 No. 18; zu Basel Haenel Col. 659; zu Dresden.

3. Galeni liber de utilitate pulsus, quem transtulit Joannicius filius Isac ex graeco in arabicum et Marchus Toletanus de arabico in latinum, zu Breslau Henschel Pars II. No. 30; zu Basel Haenel Col. 660; zu Paris Cod. 7015,13; zu Dresden.

4. Galeni liber de motu membrorum seu de motu musculorum, a praecedentibus translatus, zu Basel Haenel Col. 660.

5. Galeni liber de motibus liquidis a Joannicio de graeco in arabicum & a Marco Toletano de arabico in latinum conversus, zu Paris Cod. 6865,31; zu Montpellier Bibl. des Départ. Tom. I. pag. 291; zu Breslau Henschel Pars II. No. 26; zu Dresden. Diese Schrift ist

wegen der Verstösse, welche sie gegen Galen's besseres Wissen enthält, wahrscheinlich nach einer nicht mehr vorhandenen von ihm selbst citirten Schrift, de motibus obscuris, bearbeitet und desshalb mit recht unter die unächten gestellt; ed. Chart. Tom. V. pag. 397. Junt. Tom. VII. fol. 66.

§. XXIX. ARNALDUS DE VILLANOVA.

Die Nachrichten über das vielbewegte Leben dieses in mehrfacher Beziehung hervorragendsten Gelehrten seiner Zeit sind in der Kürze am übersichtlichsten zusammengestellt von Henschel[1]) und Häser[2]). Villa-nueva ist der Name mehrerer Landsitze in Catalonien und wahrscheinlich wurde Arnald (Arnold) auf einem solchen in der Nähe von Barcellona im Jahre 1235 geboren, wesshalb er auch Barcinonensis genannt wird, und er starb im Jahre 1312 auf der Überfahrt von Sicilien nahe vor dem Hafen von Genua, von wo er sich auf Verlangen des Papstes Clemens V. zu einer Consultation nach Avignon hatte begeben wollen.

Unter der Menge von medicinischen, chemischen und philosophischen Schriften, welche seinen Namen führen, sind sicher mehrere ihm untergeschoben; er wird aber auch als Übersetzer einiger Arabischen Werke genannt, womit er zu Barcellona im J. 1282 beschäftigt war.

1. Ibn Sina, de viribus cordis et medicamentis cordialibus a mag. Arnaldo, Barchinone, zu Oxford Coxe Pars I. Colleg. Merton. No. 225,9. 227,6; Colleg. Oriel. No. 61,2; Colleg. Nov. No. 164,3; Pars II. Colleg. Omn. Anim. No. 72,7; zu Paris Cod. 6949,3. 15362; zu Laon Bibl. des Départ. Tome I. pag. 219 No. 414,1; zu München Cod. 363. Gedruckt Libellus Avicene de viribus cordis translatus ab Arnaldo de villa nova Barchinone, in der Ausgabe des Avicenna mit dem Commentar des Gentilis Fulginas Venet. 1492 — 95 hinter Lib. V. Tract. VIII. Vergl. §. XXXV, 1.

2. Costa ben Luca, de physicis ligaturis, interprete Arnoldo de Villanova, zu Paris Cod. 6971,5. 7337,19; diese Schrift soll mit den

---

1) In Janus, Zeitschr. für Gesch. u. Lit. der Medicin. Bd. 2. 1817. S. 526.
2) Lehrbuch der Gesch. d. Medicin. 3. Aufl. 1875. S. 718.

unter die unechten Schriften Galens aufgenommenen Definitiones medicae
übereinstimmen. Opera Galeni ed. Kühn. Vol. XIX. pag. 346.

3. Galeni liber de rigore et tremore translatus Barchinone a
m. Arnaldo de Villa nova anno Domini 1282; zu Oxford Coxe Pars I.
Colleg. Balliol. No. 231.21. — Galeni liber de rigore et tremore et
jectigatione et spasmo translatus Barchinone a mag. Arnaldo de Villa-
Nova, zu Oxford Coxe Pars I. Colleg. Merton. No. 230,9; zu Paris
Cod. 6949,6. Es ist die Schrift περὶ τρόμον καὶ παλμοῦ καὶ σπασμοῦ
καὶ ῥίγους Galeni Opera ed. Kühn. Tom. VII. pag. 584.

4. el-Kindi de gradibus, zu München No. 205. Vergl. §. XIII, 62.

5. Incipit liber Albumasar arabici de medicinis simplicibus
contra morbos uniuscujusque membri totius corporis translatus a mag.
Arnaldo de Villa nova et sunt capitula XX. — Expliciunt medicinae
simplices Albumasar arabici translatae a mag. Arnaldo de Villa nova de
arabico in latinum. So steht gleichmässig in allen drei Handschriften
zu Leipzig Feller pag. 263,42 (jetzt No. 1114), pag. 270 (No. 1182)
und pag. 387 (No. 1186); ähnlich zu Breslau Henschel No. 601. 602;
zu München Cod. 205. f. 207. Der bekannte Mathematiker und Astronom Abu Ma'schar (Albumasar) hat keine medicinischen Bücher geschrieben und ein Arzt mit diesem Vornamen ist nicht näher bekannt,
als dass von ihm Citate in einer dem Galen beigelegten Schrift de medicamentis expertis vorkommen sollen; s. Casiri Cod. 846; in der
Lateinisch gedruckten Abhandlung de medicinis expertis in den Opera
Hippocr. et Galeni kommt der Name Abu Ma'schar nicht vor. Denselben Titel de medicinis simplicibus führen Werke von Ibn Gazzàr
Gesch. d. Ar. §. 120, Abu Ali Miscaweih §. 126. Ibn Wàfid §. 141 und
Serapion §. 144.

§. XXX. ROBERTUS ANGLICUS.

Robertus Anglicus[1]) aus York, Eboracum, und daher Ebo-
racensis genannt, trat in den Orden der Dominicaner und beschäftigte

---

1) Nous ignorons quel peut être ce personnage. Leclerc Tome II. pag. 494.

sich mit philosophischen, besonders aber mit alchymistischen und astrologischen Studien so eifrig, dass er davon den Beinamen Perscrutator
erhielt. Wo er das Arabische erlernte, ist nicht genau bekannt, vermuthlich in Spanien, von wo er wahrscheinlich auch nach Montpellier
kam, denn seine Übersetzung des Kindí und sein *Commentarius in sphae-
ram Joannis de Sacro Bosco „ad majorem introductionem in Monte Pessulano studentium"* sind in ein und demselben Jahre 1272 verfasst. Er
muss ein hohes Alter erreicht haben, da eine andere seiner Schriften
„*De impressionibus aëris*" die Jahrszahl 1325 trägt, wesshalb auch das
„claruit" an. 1326 bei Bale pag. 399. Pits pag. 419 und Tanner
pag. 636 in „obiit" zu ändern sein möchte, wiewohl ihn Quétif Tom. I.
pag. 625 erst bei dem Jahre 1348 erwähnt.

Handschriften. Alkindus de judiciis (astrorum) ex Arabico La-
tinus factus per Robertum Anglicum A. D. 1272, zu Oxford Catalog.
Mss. Angl. Tom. I. Pars. I. pag. 81. No. 1692. Black, Ashmole No.
179, IV. 209, III. 369. IV. 434, VI. In der letzten Handschrift steht
am Schlusse translatio Roberti Angligeni de c-h-o-e-l-l-e; dafür in 209,
III. Roberti Angliginae de chebil, dies ist sicher Sevilla (schebil) im
Arabischen Ischbilia. — Eine Verwechslung mit Robertus Retenensis
hat stattgefunden in dem Catalog. bibl. Cotton. pag. 158. VI. 16: Judicia Alkindi astrologi ex translatione Rodberti de Ketene.

Ein Zeit- und Namens-Genosse Robertus Anglicus, auch Robertus
Orphordius genannt, unterscheidet sich durch seine Studien als Anhänger
des Thomas von Aquino. Quétif Tom. I. pag. 431.

§. XXXI. ALPHONSUS BONIHOMINIS HISPANUS.

Quétif et Echard, Scriptores Ord. Praedic. Tom. I pag. 594.

Alphonsus, nach einigen in Concha geboren, weil hier der Fami-
lienname Buen-hombre vorkommt, nach anderen in Toledo, war in
den Dominicaner-Orden eingetreten, hatte Arabisch gelernt und übersetzte im J. 1339 die Epistola R. Samuelis ad R. Isaacum contra errores
Judaeorum ex Arabico Latine per Alfonsum Bonihominis, 1475 und
mehrfach auch in anderen Sprachen gedruckt. Der Verfasser Samuel,

16

ein gebornei Jude aus Fez in Africa, in dem Pariser Codex 13644 Samuel de Seth genannt, war im J. 1087 zu Toledo zum Christenthum
übergetreten und richtete dies Schreiben an einen Rabbi Isaak in Segel-
messa, worin er gegen die Juden polemisirt, dass sie vergebens noch
auf den Messias warteten, da er in Christus erschienen sei. Wenn auch
der Arabische Ursprung dieser Epistola nicht geleugnet werden soll, so
sind doch die übrigen Umstände sehr in Zweifel zu ziehen. Handschriften sind noch zahlreich vorhanden, z. B. sechs in München, und
diese sowie die Ausgaben zeigen eine doppelte Recension. Ausführlich
handelt hierüber Steinschneider, Encycl. d. Wiss. Art. Jüdische
Lit. S. 410. Catalog. libr. Hebr. bibl. Bodl. pag. 732 und 2436 und
Polem. u. apologet. Lit. S. 137.

Der bekehrte Samuel war nach Marocco zurückgekehrt und hatte
dort eine Disputation mit einem Muhammedaner, Abu Ṭâlib el-Fakini,
welche er dann Arabisch abgefasst haben soll. Auch Alphonsus kam
nach Africa, indem er im J. 1343 von Clemens V. zum Bischof von
Marocco ernannt wurde, und übersetzte auch diese von ihm dort aufge-
fundene Streitschrift, Catalog. Mss. Angl. Tom. II. pag. 250. No. 8715:
Disputatio Abucalis Saraceni & Samuelis Judaei, quae fides praecellit,
an Christianorum, an Saracenorum vel Judaeorum, translata per Fr. Alfonsum de Arabico in Latinum. Aus (Frater) Fr. Alfonsus scheint
Petrus Alfonsus entstanden zu sein, ibid. pag. 247. No. 8598 und daraus
Disputationes Petri contra Judaeos, ibid. pag. 84. No. 1853. — Hier
bezweifelt man mit Recht eine Übersetzung aus dem Arabischen und
hält·Alphonsus für den alleinigen Verfasser. S. Steinschneider, polem. Lit. S. 27 u. 408.

§. XXXII. HUGO SANCTALLIENSIS.

wird als Übersetzer und Bearbeiter von drei Arabischen Werken
genannt:

1. Liber Aristotelis continens summam universalium quae-
stionum, extractus de 250 Indorum voluminibus, ex Arabico Latine

versus per Hugonem Sanctalliensem. Catalog. Mss. Angl. Tom. I. Pars I. pag. 300. No. 6561.

2. Ars geomantiae secundum Magistrum Hugonem Sanctel-liensem, qui eam de arabico in latinum transtulit; zu Paris Codex 7354.

3. Alfragani tract. de motibus planetarum, commentatus ab Hugone Sanctaliensi; zu Oxford Catal. Mss. Angl. Tom. I. Pars I. pag. 162. No. 3348.

§. XXXIII. STEPHANUS ARNALDI aus Barcellona

wird von Steinschneider, Serapeum Jahrg. 31. 1870. S. 292 ohne Angabe der Quelle *diaetarius* genannt; ich finde unter seinem Namen ein Werk verzeichnet Stephani Arnaldi *Diaetarium*, continens tres tractatus principales, zu Oxford Catalog. Mss. Angl. Tom. I. Pars I. pag. 123. No. 2462; zu München Cod. 251. Von ihm ist der Tractatus de sphera solida Costae ben Lucae, Graeci de Baldach, translatus ab Stephano Arnaldi Barcinonensi, zu Oxford Coxe Pars III. No. 340,3.

§. XXXIV. DAWID HERMENUS.

Der Escurial Codex 889 enthält 1º einen anonymen Tractat de oculorum morbis; 2º eine Abhandlung Liber selectus de curatione oculi auctore Abul-Câsim 'Omar ben 'Ali el-Mauçilî (d. i. aus Mosul), welchen ich §. 298 unter den Schriftstellern erwähnt habe, deren Zeitalter unbe-stimmt ist. Vergleicht man den von Casiri angegebenen Inhalt mit der gedruckten Schrift Liber quem composuit Canamusali philosophus de Baldach super rerum preparationibus que ad oculorum medicinas faciunt, et de medicaminibus ipsorum rationabiliter terminandis, so scheint es freilich sehr ungewiss, ob dieses eine Übersetzung aus jenem, aber kaum zweifelhaft, dass der Verfasser derselbe und Canamusali eine Zu-sammenziehung und Entstellung aus Abul-Câsim el-Mauçilî ist. Die Schrift ist in der so gen. Collectio chirurgica Veneta mit Guido de Cauliaco abgedruckt, und ich habe ausser der Ausgabe von 1499 eine weder von Choulant, noch von Haeser aufgeführte vor mir: Cyrurgia parva Guidonis. Cyrurgia Albucasis de cauteriis et aliis instrumentis.

16 *

Tractatus de oculis Jesu hali.   Tractatus de oculis Canamusali. — Explicit liber de curis omnium passionum oculorum quem fecit et composuit Canamusali philosophus de Baldach. Venetiis per Bonetum Locatellum presbyterum Mandato et sumptibus heredum quondam Nobili viri domini Octaviani Scoti Medoetiensis.   Anno dni 1500 sexto Kal. Februarias.

Die Angabe von Haeser S. 601: „*Canamusali ein Armenier (um 1258)*" stützt sich vermuthlich darauf, dass Ibn Abu Oçeibia († 1269) ihn nicht mehr nennt und der Verfasser doch selbst von sich sagt, dass er bei einem Emir des Chalifen in Bagdad gewesen sei: *Ego Canamusali fui in Baldach coram caliphi amiraglo et multis*, das Chalifat von Bagdad aber im J. 1258 ein Ende nahm. Ich möchte ihn viel früher setzen, da wir unter den Übersetzungen kein Werk eines orientalischen Autors aus so später Zeit finden; der Canon des Ibn Sina († 1037) kam erst ums J. 1120 nach Spanien und wurde dort etwa 50 Jahre später von Gerard übersetzt; das jüngste medicinische Buch eines östlichen Arabers, welches im Westen (Italien) übersetzt wurde, scheint das Taewin des Ibn Gazla († 1100) gewesen zu sein, nach dieser Zeit hatten die Spanier an ihren einheimischen Schriftstellern Ibn Zohr, Ibn Roschd, Maimonides u. a. hinreichenden Ersatz, da ihnen der Orient nichts Hervorragendes mehr bieten konnte.

Der Prolog des Abul-Câsim beginnt: *Ego Canamusali de Baldach sustinui maximum laborem in translatando de libris chaldeorum et hebreorum medicorum Cubassi de india qui fuerunt optimi medici, et de eorum dictis flores collegi, ex quibus hunc librum feci pro oculorum gentis sanitate*. In dem Prolog zum 2. Buch nennt er andere Quellen: *Ego Canamusali de Baldach collegi de dictis philosophorum Hypo. Gal. Alman. Joannis Damasceni, magni Marometti de arab. et aliorum philosophorum de india et eorum dictis librum hunc*. Hier bezeichnet Almansor sicher das Buch des Râzí und muss unter seinem Namen (an anderer Stelle besser *magr* (magister) *Machomettus*) noch eine andere Schrift desselben verstanden sein.

Handschriftlich mit weiterer Entstellung des Namens des Verfassers, aber mit dem des Übersetzers ist das Werk zu Padua: Acanamosi Chirurgia oculorum, ex Arabico in Latinum conversa a D a v i d e H e r m e n o, wozu T o m a s i n i pag. 137 bemerkt: *Idem videtur qui Canamusali cum Guil. Cauliaco etc. Venet. excusus Anno 1499. item cum Albucasi An. 1500.* — Über diesen David Hermenus habe ich nichts weiter finden können.

§. XXXV. ANDREAS ALPAGUS BELLUNENSIS.

Andreas Alpagus aus Belluno hatte Medicin studirt, das Arabische erlernt und sich viel mit den Schriften der Arabischen Ärzte, besonders des Ibn Siná beschäftigt, die er im Original lesen konnte, wodurch ihm die Mangelhaftigkeit der bisherigen Übersetzungen bekannt wurde. Noch im vorgerückten Alter (jam longaevus) machte er eine Reise in den Orient und verweilte dort über 30 Jahre besonders in Cypern, Syrien und Ägypten, um das Arabische noch besser zu lernen und sich gute Handschriften des Ibn Sinà zu verschaffen; er scheint sich am längsten als praktischer Arzt in Damascus aufgehalten zu haben, da er nachher *physicus Damascenus* genannt wird. Nach seiner Rückkehr (etwa 1515) lehrte er in Padua Orientalische Sprachen und war bemüht, die Übersetzungen des Gerard von Cremona, Armegand Blasii und Arnald de Villanova zu verbessern und selbst einige Schriften des Ibn Sinà zum ersten Male aus dem Arabischen ins Lateinische zu übersetzen, womit er sich schon im Orient eifrig beschäftigt hatte. Er erlebte indess den Druck seiner Ausarbeitungen nicht mehr, da er, kaum auf einen Lehrstuhl an der Universität zu Padua berufen, wo er mit Beifall theoretische Medicin las, nach wenigen Monaten ums J. 1520 plötzlich starb. Sein Neffe P a u l u s A l p a g u s, welcher als junger Mann (*adolescens*) ihn auf seinen Reisen begleitet hatte und nicht von seiner Seite gewichen war, besorgte die Herausgabe. Dieser verstand damals noch nichts von Medicin, war aber seinem Oheim bei seinen nächtlichen Arbeiten in der Verbesserung des Lateinischen Ausdruckes behülflich gewesen [1].

---

1) Vergl. G i a m m a r i a M a z z u c h e l l i, gli Scrittori d'Italia. Vol. I. Parte I.

1. Zuerst erschienen *Principis Avic. libri Canonis, necnon de medi-cinis cordialibus et Cantica ab Andrea Bellunensi ex antiquis Arabum origi-nalibus ingenti labore summaque diligentia correcti atque in integrum restituti una cum Interpretatione nominum arabicorum, quae partim mendosa partim incognita lectores antea morabantur.* Diese Interpretatio geht vorauf noch mit der Vorrede des Andreas Alpagus selbst, so dass sie vielleicht noch bei seinen Lebzeiten gedruckt wurde; die Erklärungen sind grossentheils aus Ibn Beitar und dem Minhág el-baján des Ibn Gazla genom-men, auch nach eigenen Erfahrungen und Beobachtungen über Orte, Thiere und Pflanzen in Syrien und Palästina gemacht. — Danach folgt ein neuer Titel: *Avicenne liber Canonis medicine. Cum castigatione Andreae Bellunensis,* nebst Vorrede von Paulus Alpagus, für welchen das Privi-legium gegen Nachdruck von dem Senat von Venedig schon im J. 1523, vom Papst Clemens VII. 1524 und vom König Franz I. von Frankreich 1526 ausgestellt wurde. Angehängt ist mit fortlaufender Seitenzahl *Libellus Avicenne de [viribus cordis] medicinis cordialibus translatus ab Arnaldo de villa nova barchinone* und *Cantica Avicenne translata ex arabico in latinum a mag. Armegando blasii de montepesulano,* beides mit den an den Rand gedruckten Verbesserungen des Andreas. Am Ende Venetiis 1527. — Paulus studirte dann selbst Medicin und als er in der Folge den gedruckten Text mit der Handschrift seines Oheims wieder verglich, fand er, dass der Setzer unzählige Verbesserungen übergangen und die Erklärung von mehr als 500 Arabischen Wörtern ausgelassen hatte; er besorgte desshalb eine neue Ausgabe, worin das Versäumte nachgeholt wurde: *Avicennae liber Canonis, de medicinis cordialibus, et Cantica cum castigationibus Andreae Alpagi Bellunensis, una cum ejusdem nominum ara-bicorum interpretatione. Quibus recens quamplurimae accesserunt ab eodem ex multis Arabum codicibus excerptae hujusmodi asterisco * notatae. Venetiis* 1544. Auch hier ist die Interpretatio mit besonderem Titel vorange-

---

pag. 516, dessen Gewährsmänner indess viel ungenauer und unbestimmter sind, als die Vorreden der beiden Alpagus selbst, aus denen ich die obigen Nachrichten zu-sammengestellt habe.

stellt und eine *Vita Avicennae a Nicolao Massa latinitate donata* hinzu-
gekommen, deren Arabisches Original[1]) Paulus unter den Papieren
seines Oheims gefunden hatte; Massa gab ihr indess nur die Lateinische
Form, der Übersetzer war Marcus Fadella aus Damascus[2], der Doll-
metsch eines Venetianischen Kaufmanns.

2. Die Cantica *castigata* sind dann cum Averrois Commentariis in
die Lateinische Ausgabe der Opera Aristotelis, in Folio Venet. 1552.
Tom. X, in Octav Venet. 1560. Tom. IX, aufgenommen und derselbe
Band enthält auch nach der Übersetzung des Armegand Blasii

3. *Averrois Colliget libri septem nuper diligentissime castigati* und

4. *Averrois tractatus de Theriaca nunquam antea apud latinos visus*
worüber Mazzuchelli l. l. bemerkt, dass auch diese beiden die Bearbeitung des Andreas Bellunensis enthalten.

5. Bald nach dem Erscheinen der zweiten Auflage des Canon ver-
öffentlichte Paulus noch fünf kleine Schriften des Ibn Sînâ, welche sein
Oheim übersetzt hatte: *Avicennae Compendium de anima. De mahad ·i·*
de dispositione seu loco, ad quem revertitur homo vel anima ejus post mortem
Aphorismi de anima. De diffinitionibus & quaesitis. De divisione scien-
tiarum. Ab Andrea Alpago Bellunensi ex arabico in latinum versa. Cum
expositionibus ejusdem Andreae collectis ab auctoribus arabicis. Omnia nunc
primum in lucem edita. Venetiis 1546. Die zweite Schrift mahad d. i.
المعاد scheint auch besonders gedruckt zu sein unter dem Titel Avicenna
de Resurrectione, wenigstens führt sie Sim. Ockley, introd. ad ling.
orient. pag. 144 einzeln an: *iste liber nunquam Arabice excusus est, at*
extat ejus versio in 4¹⁰ ab Andrea Bellunensi edita.

6. In der Vorrede zu diesen kleinen Schriften sagt Paulus, dass

---

1) Der Verfasser heisst in der Lateinischen Übersetzung Sorsanus, der Name
ist falsch gelesen und lautet vollständig Abu 'Obeid Abd el-Wâhid ben Muhammed
el-Gûzgânî; er war ein Schüler des Ibn Sinâ, schrieb zu einer von dessen Schriften
eine Ergänzung, Hagi Chalfa No. 13597, und gab diese Nachrichten über das Leben
seines Lehrers, welche auch Ibn Abu Oçeibia benutzte.

2) Vielleicht war Marcus sein angenommener Christlicher und Fadhlallah sein
ursprünglicher Muhammedanischer Name.

er noch mehrere andere besitze, welche sein Oheim aus Ibn Sínà und anderen Arabern übersetzt habe; er nennt die Titel ohne die Namen der Verfasser: *De venenis. De correctione errorum qui*[1]*) accidunt in regimine sanitatis. De medicinis principum non horribilibus. De lapidibus pretiosis et pleraque alia.* Die erste ist unstreitig von Ibn Sínà und im Arabischen noch vorhanden zu Florenz Assemani bibl. Med. Laurent. et Palat. Cod. 222.

7. Dass Alpagus das grosse Werk über die Lebensbeschreibungen der Ärzte (el-Kiftí) übersetzt habe, sagt er selbst in seiner Vorrede zu der Interpretatio Arab. nominum: *historia Arabica de vitis philosophorum & medicorum Arabum et Graecorum per me ex arabica lingua in latinam traducta*; ob diese Übersetzung noch irgendwo erhalten sei, ist nicht bekannt.

8. Mazzuchelli l. l. erwähnt auch noch *Johannis Serapionis Practica dicta Breviarium, Andrea Alpago interprete. Lugduni apud Jacobum Myt.* 1525. *De nuovo Venetiis apud Juntas* 1550. Die erste Angabe halte ich für einen Irrthum, weil Paulus Alpagus sicher über eine solche vor seiner Ausgabe des Canon erschienene Publication etwas gesagt haben würde und weil die mir vorliegende Ausgabe Lugd. per Jacobum Myt. 1525 den Namen Alpagus nicht führt und von den früheren Ausgaben nicht verschieden ist. Dass dagegen eine solche Ausgabe von Alpagus Venetiis in officina hered. Luc. Ant. Juntae 1550 existire, wird auch von Ciaconi und Choulant angegeben, bekannt ist sie mir weiter nicht.

9. Spätere Ausgaben des Canon, wie Basileae 1556, enthalten noch zwei andere Schriften: *Libellus Avicennae de removendis nocumentis, quae accidunt in regimine sanitatis scil. ex errore usus rerum non naturalium, traductus ex Arabico in Latinum per Andream de Alpago Bellunensem physicum Damascenum,* und

---

1) Alf. Ciaconi, biblioth. libros et scriptores ferme cunctos — complectens. Amstelod. et Lips. 1734. Col. 141 hat falsch *corum quae* abgeschrieben und so ist der Fehler in Mazzuchelli l. l. übergegangen. Vergl. Nr. 9.

10. *Tractatus de syrupo acetoso compilatus ab Avicenna & traductus ex Arabico in Latinum per Andream Bellunensem physicum Damascenum.*

11. Aus dem Nachlasse des Alpagus erschien endlich noch ein von ihm aus dem grossen Werke des Ibn Beitar übersetzter einzelner Artikel: Ebenbitar tractatus de malis limoniis, curante Francisco Butirono. Venetiis 1583. Die Ausgabe war so wenig bekannt geworden, dass noch nicht 20 Jahre nachher ein anderer Druck erschien: Ebenbitar tractatus de malis limoniis nunquam hactenus in publicum aspectus, cura Gasp. Bondinii. Parisiis 1602. Auch diese Ausgabe hatte eine so geringe Verbreitung, dass zu Cremona 1758 eine dritte veranstaltet wurde, deren Herausgeber Martinus Ghisius von den beiden vorhergehenden nichts wusste. Kaum waren einige Exemplare davon ausgegeben, so fand sich in einer alten Niederlage noch ein Vorrath der ersten Auflage, welche jetzt weiter versandt wurde. Damit nun nicht der Verdacht entstände, als habe Ghisius diese alte Auflage unter seinem Namen nur wieder abdrucken lassen, entschloss sich sein Lehrer Valcarenghus rasch darüber eine Aufklärung zu geben und liess die beiden älteren Ausgaben, die er sich verschafft hatte und die neue nach der Handschrift zu Cremona ungeachtet der äusserst geringen Abweichungen zusammen abdrucken und begleitete sie mit einem Commentar: In Ebenbitar tractatum de malis limoniis commentaria Pauli Valcarenghi. Cremona 1758. Der Inhalt stimmt mit dem Arabischen Texte der Bulaker Ausgabe und mit der Übersetzung von Sontheimer überein, nur hat Valcarenghus, welcher das Ganze in zwölf Capitel getheilt hat, am Schlusse zwei Capitel mehr als jene, und sie sind vermuthlich aus anderen Arabischen Werken von Alpagus hinzugesetzt. Wie übrigens in der Mitte des vorigen Jahrhunderts die Araber fast gänzlich in Vergessenheit gerathen waren, sieht man deutlich aus der Vorrede des Valcarenghus, worin er bei mehreren ihm streitig scheinenden Fragen sich meistens für die unrichtige Ansicht entschieden hat.

SCHLUSS.

Bei dem ausschliesslich literar-historischen Zweck meiner Untersuchungen war ein näheres Eingehen auf den Inhalt der in Frage kommenden Schriften ausgeschlossen und ebenso ist nur an einigen Stellen
von der Mangelhaftigkeit der Lateinischen Übersetzungen die Rede
gewesen, wobei ich mich mehrmals auf die Beurtheilungen Anderer
bezogen habe; es liessen sich hierfür noch mehr Autoritäten anführen,
wenn es nicht allgemein bekannt wäre, dass sie nicht nur in einer oft
ganz unverständlichen Sprache, sondern auch äusserst fehlerhaft abgefasst
sind. Man ist indess hierbei fast nur von den medicinischen und den
wenigen philosophischen Werken ausgegangen und es muss daneben
hervorgehoben werden, dass die mathematischen und astronomischen
Schriften ungleich besser übersetzt sind, theils weil die Übersetzer
hierfür mehr Verständniss besassen, theils weil fehlerhafte Übertragungen
durch falsche Resultate in den Berechnungen sogleich erkennbar sein
mussten. Aber selbst die schlechten Übersetzungen haben unendlich
viel Gutes gewirkt zu einer Zeit, wo man etwas besseres nicht hatte
und nicht haben konnte, wo namentlich die Kenntniss des Griechischen
fast ganz verloren gegangen und Griechische Handschriften eine Seltenheit waren. Wer heutiges Tages über die Arabischen Ärzte gering-
schätzig urtheilt, der bedenkt nicht, welche hohe Bedeutung sie einstmals
gehabt haben, und dass es doch etwas Ausserordentliches gewesen sein
muss, was sie mehrere Jahrhunderte hindurch in so grossem Ansehen
erhalten konnte. Man muss auch einen Unterschied machen zwischen
solchen Werken, welche erst mittelbar aus dem Griechischen und solchen,
welche aus den Arabischen Originalen geflossen sind. Die Arabischen
Übersetzungen aus dem Griechischen haben meistens erst noch eine
Mittelstufe zu durchlaufen gehabt, indem sie aus dem Griechischen,
zuweilen gar nur mündlich, zunächst ins Syrische und aus diesem ins
Arabische übertragen wurden, wobei schon manche Missverständnisse
stattgefunden haben, und durch die mangelhafte Kenntniss, welche die
Übersetzer nicht bloss vom Arabischen, sondern sogar auch vom Latei-

nischen besassen, konnten diese Missverständnisse nur vermehrt werden. Wenn es dahin kommt, dass Gelehrte, die des Arabischen vollkommen mächtig sind, sich auch mit anderen Disciplinen, Philosophie, Medicin, Mathematik oder Astronomie hinlänglich vertraut machen und dann die Übersetzung Arabischer Werke unternehmen, sodass ihr wahrer Inhalt zum Ausdruck kommt, so werden gewiss noch manche Vorurtheile schwinden und es wird noch Manches zu Tage kommen, was geeignet sein wird, den wohlbegründeten Ruf der Araber noch zu erhöhen.

Hic penna siste!

Jam labor iste Tenuit satis te.

Laus Deo et tibi Christe!

ÜBERSICHT DES INHALTES.